하루 한 권 학습만화 **6**

세계의역사

KB194818

일러두기

이 책은 세계사를 바라보는 다양한 시각 및 국제정치적 감각을 길러주기 위한 목적으로 기획되었다. 원서는 비교역사학을 토대로 서술되어 특정 국가의 시각에 치우치지 않고 세계 각국의 다양한 역사적 사실에 기반을 두고 있다. 다시 말해 우리 민족의 관점으로 바라본 세계사가 아님을 밝힌다.

다만 역사라는 학문의 특성상 우리나라 학계 및 정서에 맞지 않는 영토분쟁·역사적 논쟁점도 분명히 존재한다. 편집부 역시 이러한 사실을 인지하고, 국내 정서와 다른 부분은 되도록 완곡한 단어로 교정했다. 그러나 오늘날 발생하는 수많은 역사 분쟁을 다양한 시각에서 논의할 수 있도록 필요한 부분은 원서의 내용을 살려 편집했다. 교육 자료로 활용하거나 아동이 혼자 읽는 경우 이와 같은 부분에 지도가 필요할 수 있음을 당부드린다.

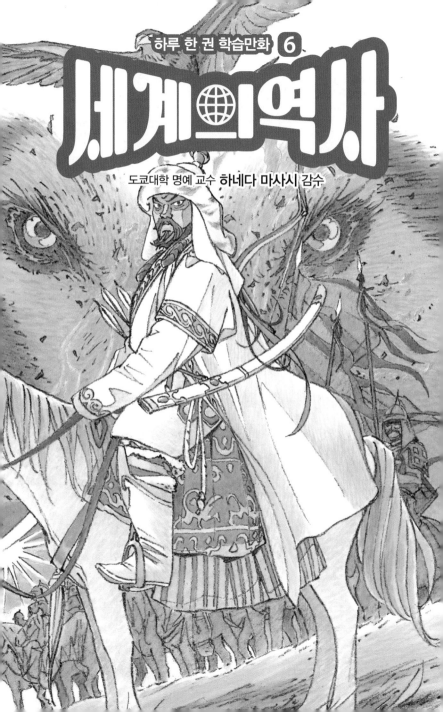

도쿄대학 명예 교수 **하네다 마사시** 감수

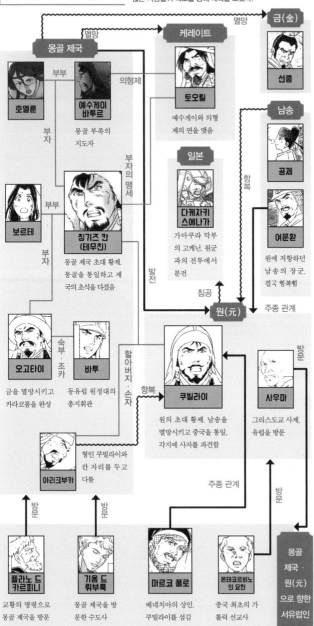

유라시아를 손에 넣은 몽골 제국

몽골 제국이 유라시아 대륙에 들어서면서, 많은 사람들이 육로를 통해 대륙을 오갔다.

멸망

금(金)

멸망

케레이트

선종

몽골 제국

의형제

토오릴

예수게이와 의형제의 연을 맺음

호엘룬

부부

예수게이 바투르

몽골 부족의 지도자

남송

부자

공제

부자의 맹세

일본

여문환

원에 저항하던 남송의 장군. 끝고 항복함

보르테

부부

항복

다케자키 스에나가

가마쿠라 막부의 고케닌. 원군과의 전투에서 분전

칭기즈 칸 (테무친)

몽골 제국 초대 황제, 몽골을 통일하고 제국의 초석을 다졌음

부자

발전

침공

원(元)

주종 관계

오고타이

금을 멸망시키고 카라코룸을 완성

숙부·조카

바투

동유럽 원정대의 총지휘관

할아버지·손자

쿠빌라이

원의 초대 황제. 남송을 멸망시키고 중국을 통일, 각지에 사자를 파견함

항복

방문

사우마

그리스도교 사제. 유럽을 방문

주종 관계

방문

아리크부카

형인 쿠빌라이와 칸 자리를 두고 다툼

방문

방문

플라노 드 카르피니

교황의 명령으로 몽골 제국을 방문

기욤 드 뤼브룩

몽골 제국을 방문한 수도사

마르코 폴로

베네치아의 상인. 쿠빌라이를 섬김

몬테코르비노의 요한

중국 최초의 가톨릭 선교사

몽골 제국·원(元)으로 향한 서유럽인

예루살렘을 둘러싼 각국의 대립

교황이 예루살렘을 탈환하기 위해 십자군을 파견하면서,
이슬람 국가들과의 공방이 이어졌다.

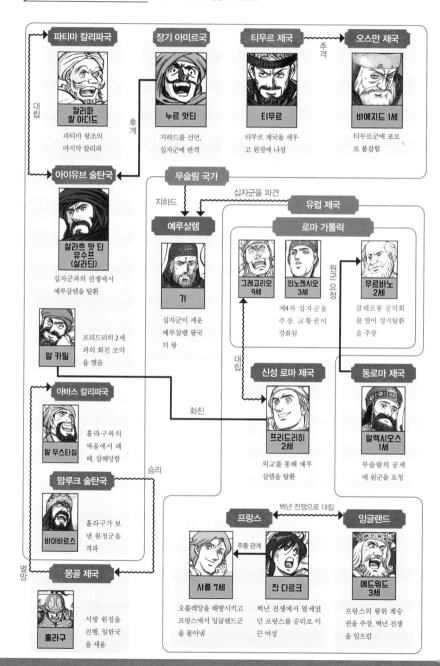

파티마 칼리파국

칼리파 알 아디드
파티마 왕조의 마지막 칼리파

장기 아미르국

누르 앗딘
지하드를 선언, 십자군에 반격

티무르 제국

티무르
티무르 제국을 세우고 원정에 나섬

추격

오스만 제국

바에지드 1세
티무르군에 포로로 붙잡힘

대립

후계

아이유브 술탄국

살라흐 앗 딘 유수프 (살라딘)
십자군과의 전쟁에서 예루살렘을 탈환

알 카밀
프리드리히 2세와의 화친 조약을 맺음

무슬림 국가

지하드

십자군을 파견

예루살렘

가
십자군이 세운 예루살렘 왕국의 왕

유럽 제국

로마 가톨릭

그레고리오 9세
인노첸시오 3세
제4차 십자군을 주장, 교황권이 강화됨

원군 요청

우르바노 2세
클레르몽 공의회를 열어 성지탈환을 주장

아바스 칼리파국

알 무스타심
훌라구와의 싸움에서 패배, 살해당함

맘루크 술탄국

바이바르스
훌라구가 보낸 원정군을 격파

대립

화친

신성 로마 제국

프리드리히 2세
외교를 통해 예루살렘을 탈환

동로마 제국

알렉시오스 1세
무슬림의 공세에 원군을 요청

승리

백년 전쟁으로 대립

프랑스

주종 관계

샤를 7세
오를레앙을 해방시키고 프랑스에서 잉글랜드군을 몰아냄

잔 다르크
백년 전쟁에서 열세였던 프랑스를 승리로 이끈 여성

잉글랜드

에드워드 3세
프랑스의 왕위 계승권을 주장, 백년 전쟁을 일으킴

멸망

몽골 제국

훌라구
서방 원정을 진행, 일한국을 세움

독자 여러분께

6

몽골 제국과 동서 교류

도쿄대학 명예 교수 **하네다 마사시**

6권에서는 '칭기즈 칸'이라는 영웅 아래에 모인 몽골 유목민이 광대한 유라시아 대륙을 평정하던 시기를 다루고자 합니다. 그들은 중국의 금(金)과 남송(南宋)을 정복해 원(元)이라는 나라를 세웠고, 서아시아로 나아가 500년간 이어져 오던 아바스 칼리파국의 정권을 무너뜨린 뒤 일한국을 수립했습니다. 몽골 군대의 일부는 유럽까지 진출하기도 했습니다. 세계 지도를 살펴보며 몽골이 정복했던 영토의 크기를 확인해 보시기 바랍니다. 이렇게 거대한 영토를 하나의 세력이 지배한 것은 인류 역사에서 전무후무한 일입니다.

몽골은 사람과 물건이 안전하게 이용할 수 있는 교통로를 만들었습니다. 그 길을 통해 많은 상인과 사절단, 여행객들이 상품·문화와 함께 유라시아 각지를 오갔습니다. 베네치아에서 중국을 방문한 마르코 폴로가 그중 하나입니다. 감염병의 하나인 흑사병(페스트)도 이 교역로를 타고 확산해 유럽에서 크게 유행했습니다. 세계를 광범위하게 지배했던 몽골의 '평화 시대'가 끝을 맞이하게 된 원인에는 흑사병, 이상 기후와 같은 변수가 있었습니다.

유라시아 서쪽 지역에서는 로마 가톨릭교회의 교황이 그리스도교의 성지 예루살렘을 이슬람으로부터 되찾기 위해 십자군을 출정시켰고, 수많은 가톨릭 신도가 중동으로 향했습니다. 현지 무슬림과의 싸움은 200년이나 지속되었으며, 서로에게 씻을 수 없는 불신과 응어리를 남겼습니다.

당부의말씀

- 이 도서의 원서는 일본 문부과학성이 발표한 '2008 개정 학습지도요령'의 이념, '살아가는 힘'을 기반으로 편집되었습니다. 다만 시대상을 반영하려는 저자의 의도적 표현을 제외하고, 역사적 토론이 필요한 표현은 대한민국 국내의 정서를 고려해 완곡하게 수정했습니다.

....

- 인명 · 지명 · 사건명 등의 명칭은 대한민국 초 · 중 · 고등학교 교과서를 바탕으로 삼되, 여러 도서 · 학술정보를 참고해 상대적으로 친숙한 표현으로 표기했습니다.

....

- 대체로 사실로 인정되는 역사를 기반으로 구성했습니다. 다만 정확한 기록이 남지 않은 등장인물의 경우, 만화라는 장르를 고려해 쉽고 재미있게 읽을 수 있도록 대화 · 배경 · 의복 등을 임의로 각색했습니다. 또 역사의 흐름을 이해하는 데 도움이 되도록 만화에 가공인물을 등장시켰습니다. 이러한 가공인물에는 별도로 각주를 달아 표기했습니다.

....

- 연도는 서기로 표기했습니다. 사건의 발생 연도나 인물의 생몰년이 불분명한 경우에는 일반적으로 통용되는 시점을 채택했습니다. 또 인물의 나이는 앞서 통용된 시점을 기준으로 만 나이로 기재했습니다.

....

- 인물의 나이는 맞춤법에 어긋나더라도 '프리드리히 1세'처럼 이름이 같은 군주의 순서 표기와 헷갈리지 않도록 '숫자 + 살'로 표기했습니다. 예컨대 '스무 살, 40세'는 '20살, 40살'로 표기했습니다.

1250년대의 세계

하네다 마사시 교수님

> 칭기즈 칸과 그의 자손이 중국과 서아시아를 아우르는 거대한 제국을 구축했던 시기입니다. 한편, 유라시아 대륙의 서쪽 지역은 십자군 원정으로 인해 무척 혼란스러웠습니다.

카호키아※의 생활
(10세기경~12세기경)

카호키아의 주민들은 이집트의 피라미드보다 큰 무덤을 만듦

※ 미국 일리노이주 세인트루이스 외곽 지역

쿠빌라이, 원(元)을 건립(1271년)

A **B**

대(大)칸 자리에 오른 쿠빌라이는, 1271년에 원(元)을 세우고 일본 등으로 원정군을 보냄

마르코 폴로, 쿠빌라이를 알현(1274년)

베네치아의 상인 집안에서 태어난 마르코 폴로가 원을 방문함

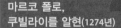

수코타이 왕국의 탄생
(13세기경)

태국인이 앙코르 왕조의 지배에서 벗어나 세운 나라로, 불교를 수호함

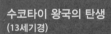

치무 왕국
(9세기경~15세기경)

페루 연안에 세워진 왕국으로, 정교한 금속 세공 기술을 보유함

② 네, 또한 몽골은 도로 교통의 안전을 보장했습니다. 그래서 상인과 상품, 정보가 유라시아 대륙을 자유롭게 오갈 수 있었죠.

① 몽골이 유라시아 지역의 대부분을 다스렸네요!

④ 맞습니다. 무슬림에게서 예루살렘을 되찾자는 교황의 설득에, 서유럽의 군주들이 십자군을 조직해 수차례에 걸쳐 중동 원정을 나선 것도 이 무렵의 일이었습니다.

③ 마르코 폴로와 이븐바투타가 동쪽 지역을 여행한 것도 몽골 시대였지요?

대헌장(마그나 카르타) 발표(1215년)

잉글랜드에서는 귀족과 성직자들이 왕에게 독단적으로 세금을 걷지 않겠다는 약속을 받아 냄

훌라구의 대원정 (1253년~1260년) C

훌라구의 원정군이 이란 고원에서 바그다드를 침공함

말리 제국의 등장 (13세기 중반~)

이슬람교를 믿는 말리 제국에서 대량의 금이 생산됨

맘루크 술탄국의 등장 (1250년)

노예 출신의 군인(맘루크)이 세운 나라

십자군 원정(13세기경) D

그리스도교의 성지를 되찾는다는 명목으로 일어난 군사 원정이지만, 그리스도교 국가도 침공함

◀ 다음 페이지에서 자세한 설명을 확인하세요

테무친, 쿠릴타이에서 칸으로 즉위

1206년 봄, 테무친(칭기즈 칸의 본명)은 그가 태어난 오논 강 유역에서 쿠릴타이를 개최하고 칸의 자리에 올랐다. 쿠릴타이란, 몽골의 수장들이 모여 중대사를 논하는 회의를 가리킨다.

원의 일본 원정 두 차례에 걸친

원의 쿠빌라이는 일본을 복속시키기 위해 사신단을 여러 번 파견했으나, 가마쿠라 막부는 이를 거부했다. 이에 쿠빌라이는 두 차례에 걸쳐 일본에 군사를 보냈는데, 일본군의 저항과 폭풍우의 영향으로 퇴각하고 만다.

아바스 칼리파국의 멸망, 칼리파의 죽음

C

훌라구가 이끄는 몽골 제국의 서방 원정군은 칼리파가 있는 바그다드를 공격했다. 40일간의 공방 끝에 바그다드는 함락되고 만다. 1258년 몽골군이 칼리파를 살해하면서, 약 500년간 이어져 오던 아바스 칼리파국은 멸망하게 되었다.

십자군, 콘스탄티노폴리스를 포위

D

당초의 목적과는 달리, 제4차 십자군은 같은 그리스도교 국가인 동로마 제국의 수도 콘스탄티노폴리스를 포위했다. 이 십자군 원정은 교황이 십자군 전체를 파문할 정도로 혼란이 극에 달했던 원정이었다.

세계를 한눈에!

6 파노라마 연표(1200년~1400년)

남 · 동남아시아	북 · 동아시아	일본	

| | | 고려 | 후지와라노 미치나가가 섭정으로 취임(1016년) | 헤이안시대 |

	금(金) 건국(1115년)		주손지 곤지키도를 건립(1124년)	
	남송(南宋) 건국(1127년)		다이라노 기요모리가 태정대신에 취임(1167년)	
			미나모토노 요리토모가 수호 · 지두를 설치 (가마쿠라 막부의 등장, 1185년)	

델리 술탄국	몽골	멸망(1234년)	호조 도키무네가 싯켄으로 취임(1203년)	가마쿠라시대
노예 왕조의 등장(1206년)	건국(1206년)		조큐의 난(1221년)	
	👤 칭기즈 칸 (1206년~1227년)	원 간섭기 (1259년)	고세이바이시키모쿠*¹(御成敗式目)를 제정(1232년)	
	바투의 서방 원정 (1236년)			
할지 왕조	훌라구의 서방 원정 (1253년)			
등장(1290년)	👤 쿠빌라이 (1260년~1294년)		원나라의 일본 원정(1차, 1274년)	
마자파힛 제국	원(元) 개칭(1271년)	원에 의해 멸망 (1276년)	원나라의 일본 원정(2차, 1281년)	
건국(1293년)				

투글루크 왕조			가마쿠라 막부 멸망(1333년)	
등장(1320년)			아시카가 다카우지가 정이대장군에 취임 (무로마치 시대의 시작, 1338년)	무로마치시대
아유타야 왕국	명(明)	조선		
건국(1351년)	건국(1368년)	건국(1392년)	남북조 통일(1392년)	
	몽골 고원으로 물러남(1368년)	👤 태조 이성계 (1392년~1398년)	아시카가 요시미쓰가 금각사 건립(1397년)	
	👤 주원장[홍무제] (1368년~1398년)			
	정난의 변 (1399년~1402년)			

			명일무역시작(1404년)	
			쇼초*²의 도잇키*³(1428년~1429년)	
			오닌*²의 난(1467년~1477년)	
			아시카가 요시마쓰가 은각사 건립(1490년)	

※ 2 일본의 연호 중 하나
※ 3 무로마치 시대에 농민이 일으킨 봉기

※ 1 일본 무가사회의 관습을 모아 만든 무가 최초의 법전으로, 고케닌과 장원 영주 간의 분쟁 해결을 위한 기초가 됨

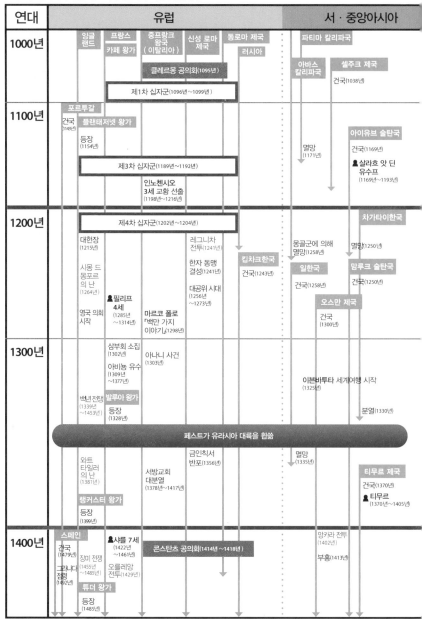

■ : 나라 · 왕조　　붉은 글자 : 전투 · 전쟁　　■ : 조약 · 회의　　▲ : 주요 통치자(재위 · 재직 기간)

• 시간의 흐름에 따라 서술한 연표로, 생략된 시대 · 사건이 있습니다.

연대	유럽	서 · 중앙아시아

1000년

유럽: 잉글랜드 / 프랑스 카페 왕가 / 중프랑크 왕국 (이탈리아) / 신성 로마 제국 / 동로마 제국 · 러시아
서·중앙아시아: 파티마 칼리파국 / 아바스 칼리파국 / 셀주크 제국 건국(1038년)

클레르몽 공의회(1095년)

제1차 십자군(1096년~1099년)

1100년

포르투갈 건국(1143년)
플랜태저넷 왕가 등장(1154년)

아이유브 술탄국 건국(1169년)
▲ 살라흐 앗 딘 유수프 (1169년~1193년)

멸망(1171년)

제3차 십자군(1189년~1192년)

인노첸시오 3세 교황 선출(1198년~1216년)

1200년

제4차 십자군(1202년~1204년)

대헌장(1215년)
시몽 드 몽포르의 난(1264년)
영국 의회 시작

레그니차 전투(1241년)
한자 동맹 결성(1241년)
대공위 시대(1256년~1273년)

▲ 필리프 4세 (1285년~1314년)
마르코 폴로 「백만 가지 이야기」(1298년)

차가타이한국 멸망(1250년)

몽골군에 의해 멸망(1258년)
킵차크한국 건국(1243년)
일한국 건국(1258년)
맘루크 술탄국 건국(1250년)

오스만 제국 건국(1300년)

1300년

삼부회 소집(1302년)
아나니 사건(1303년)
아비뇽 유수(1309년~1377년)

백년전쟁(1339년~1453년)
발루아 왕가 등장(1328년)

이븐바투타 세계여행 시작(1325년)

분열(1330년)

페스트가 유라시아 대륙을 휩쓺

와트 타일러의 난(1381년)
랭커스터 왕가 등장(1399년)

서방교회 대분열(1378년~1417년)
금인칙서 반포(1356년)

멸망(1335년)

티무르 제국 건국(1370년)
▲ 티무르 (1370년~1405년)

1400년

스페인 건국(1479년)
그라나다 점령(1492년)
튜더 왕가 등장(1485년)

장미 전쟁(1455년~1485년)

▲ 샤를 7세 (1422년~1461년)
오를레앙 전투(1429년)

콘스탄츠 공의회(1414년~1418년)

앙카라 전투(1402년)
부흥(1413년)

■ 이 책에서 다루지 않는 역사　　■ 7 권에서 다루는 역사

몽골 제국과 동서 교류

(1200년 ~ 1400년)

목 차

하루
한 권
학습만화

세계의 역사

6

제 **1** 장

〈자켓 및 표지〉 곤도 가쓰야(스튜디오 지브리)

글로벌한 관점으로 세계를 이해하자!

세계사 내비게이터

하네다 마사시 교수

일본판 도서를 감수한 도쿄대학의 명예 교수. 세계적인 역사학자로 유명함

《일러스트》 우에지 유호

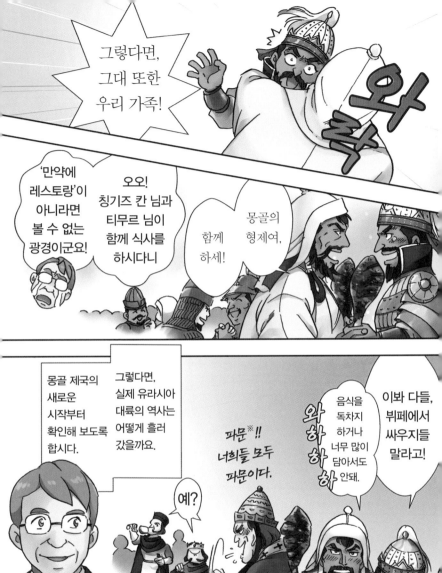

※ 신도의 자격을 잃고 교회로부터 추방당하는 일

카스피해

아랄해

몽골 고원

카자흐 고원

다림 분지

티베트 고원

예로부터 몽골 고원에서는 튀르크계와 몽골계를 비롯한 여러 부족*이 양과 소, 말 등의 가축을 키우며 살아갔다.

이들은 계절이 바뀔 때마다 풀과 물을 찾아 이동하는 유목 생활을 해왔다.

※ 공용어를 사용하고 같은 풍습과 문화를 가지는 공동체

피융

일반적으로 부족장이나 일족 우두머리의 통솔에 따라 이동 생활을 했다.

유목민들은 대부분 기마에 뛰어났고,

칭기즈 칸
몽골 제국 초대 칸

또한,
막강한 지도자가
나타나면
그 밑으로
대부분의
부족이 결집해

오고타이
제2대 칸

몽골
제국은

이러한
유목
국가의
대표라고
할 수
있다.

금세
세력을
키웠다.

쿠빌라이
제5대 칸

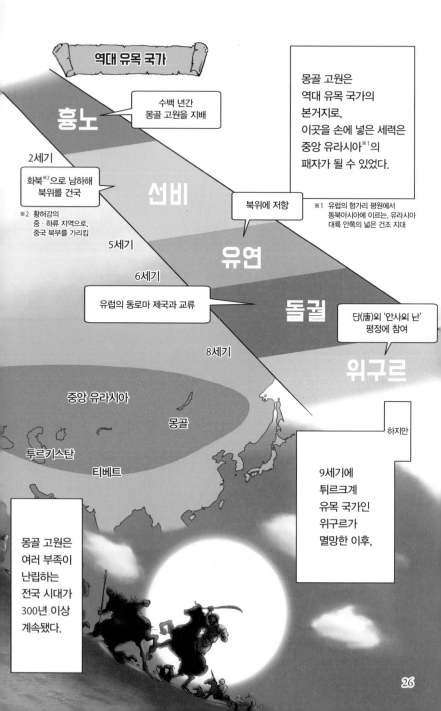

역대 유목 국가

흉노

수백 년간
몽골 고원을 지배

2세기

화북※2으로 남하해
북위를 건국

※2 황허강의
중·하류 지역으로,
중국 북부를 가리킴

선비

5세기

6세기

유럽의 동로마 제국과 교류

8세기

중앙 유라시아

몽골

투르키스탄

티베트

북위에 저항

유연

돌궐

위구르

몽골 고원은
역대 유목 국가의
본거지로,
이곳을 손에 넣은 세력은
중앙 유라시아※1의
패자가 될 수 있었다.

※1 유럽의 헝가리 평원에서
동북아시아에 이르는, 유라시아
대륙 안쪽의 넓은 건조 지대

당(唐)의 '안사의 난'
평정에 참여

하지만

9세기에
튀르크계
유목 국가인
위구르가
멸망한 이후,

몽골 고원은
여러 부족이
난립하는
전국 시대가
300년 이상
계속됐다.

26

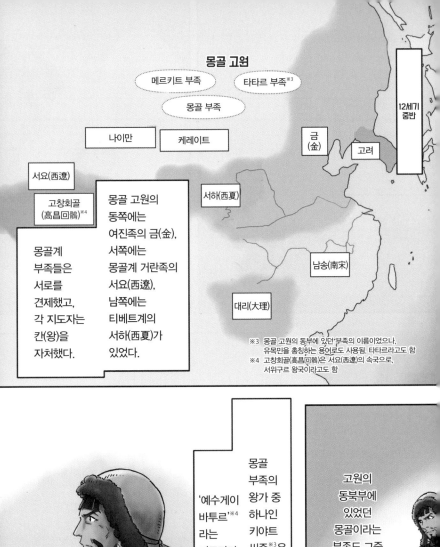

몽골 고원

메르키트 부족

타타르 부족[3]

몽골 부족

나이만

케레이트

서요(西遼)

고창회골
(高昌回鶻)[4]

몽골계
부족들은
서로를
견제했고,
각 지도자는
칸(왕)을
자처했다.

몽골 고원의
동쪽에는
여진족의 금(金),
서쪽에는
몽골계 거란족의
서요(西遼),
남쪽에는
티베트계의
서하(西夏)가
있었다.

금
(金)

고려

12세기
중반

서하(西夏)

남송(南宋)

대리(大理)

※3 몽골 고원의 동부에 있던 부족의 이름이었으나,
　　유목민을 총칭하는 용어로도 사용됨. 타타르라고도 함
※4 고창회골(高昌回鶻)은 서요(西遼)의 속국으로,
　　서위구르 왕국이라고도 함

고원의
동북부에
있었던
몽골이라는
부족도 그중
하나였다.

몽골
부족의
왕가 중
하나인
키야트
씨족[3]은

'예수게이
바투르'[4]
라는
지도자가
통솔하고
있었다.

※3 같은 선조를 가진 혈연 집단
※4 용사라는 의미의 칭호

어느 날,
예수게이는 전투에서
적장을 붙잡아
자신의 천막^{※1}으로
돌아왔다.

※1 조립식 원형 텐트로,
몽골에서는 게르라고 함

적이지만
매우 훌륭한
솜씨였소.

태어
났는가
!

오오!

예수
게이
님!

어서
이쪽
으로!

응애

응애

팔
락

손에 쥐고 있는 건 뭐지?

오!

호엘룬
예수게이의 아내

건강한 사내아이입니다.

전투에서 이긴 날 태어났으니 길한 징조.

그런가…

핏덩이가 아닙니까!

이는 필시 아기씨가 천하를 손에 넣으리라는 징표입니다!

테무친, 훗날의 '칭기즈 칸'이 탄생하는 순간이었다.

이 아이는 적장의 이름을 따

테무친

'테무친'※2이라 부르겠다.

※2 철(테무르)에서 유래한 이름

29

마님 ?!

감히, 우리 도련님을 버리려고 하다니!

배은망덕한 놈들 같으니.

테무친과 같은 핏줄인 키야트 씨족의 사람들도 마찬가지였는데,

테무친의 어머니, 호엘룬은 말을 타고 달려가 설득에 나섰다.

가장을 잃은
테무친 일가는
남은 가솔과 함께,
숲과 초원의
경계인
헨티 지역으로
터전을 옮겼다.

여장부 호엘룬은
풀뿌리나
나무 열매를 먹이며
자식들을 키웠고,

테무친 또한
사냥과
낚시를 하며
어머니를
도왔다.

유목민은
천막에서 생활하며
양과 염소, 소, 낙타와
같은
가축※을 키웠고,
계절에 따라
말을 타고 이동했다.

※ 몽골의 오축(五畜, 다섯 종류의 가축)은 양, 염소, 말, 소, 낙타

유목민의 재산은 토지가 아니라 가축이었다.

따라서, 사람들은 재산인 양을 키우기 위해

초원이나 물을 마실 수 있는 곳을 찾아서 이동해야만 했고,

여름과 겨울의 숙영지, 이동 경로는 집단에 따라 대체로 정해져 있었다고 한다.

테무친 일행은 자연이 주는 혜택을 누리며 평화로운 나날을 보냈다.

두두두...

그러던 어느 날

어엿한 청년으로 성장한 테무친은 보르테 라는 여성과 결혼했다.

이전부터 대립 중이던 북방의 메르키트가 테무친 일가를 습격하는 일이 발생했다.

여보!

혼란을 틈타

까아아아악...

와아아

와아아

테무친과 어머니 호엘룬은 겨우 몸을 피했지만

'보르테'가 적들에게 끌려가고 만다.

보르테!

보르테?!

보르테가 녀석들의 손에?!

메르키트는 자신들과 우호적인 관계에 있던 케레이트에, 보르테를 전리품으로 바쳤다.

케레이트
몽골 고원 중앙부

칸에게 바치는 선물이오.

털썩

테무친의 아내를 잡아 왔수다!

친우의 자식은 곧 나의 자식인 법.

그대가 테무친의 아내인가.

다행히도 케레이트의 칸인 '토오릴'은

옛날에 예수게이에게 신세를 많이 졌지.

과거 테무친의 아버지, 예수게이와 의형제※의 연을 맺은 맹우였다.

※ 형제가 되기로 약속한 사람들

정말 감사합니다!

테무친 곁으로 돌려보내 주마.

무사해서 다행이야!

보르테는 토오릴의 배려로 테무친과 재회하게 되었다.

보르테!

메르키트

몽골

타타르

나이만

케레이트

금

서요

고창회골

서하

이후,
보르테는
테무친의
뒤를 이을
네 명의 아들을
낳는다.

이렇게 테무친은
몽골 서쪽의 왕국,
케레이트의
비호를 받으며
세력을 키운다.

이윽고
테무친은,
몽골 부족의
유력한 지도자로
성장했다.

몽골

타타르

금

이 무렵,
중국의
북쪽 지역을
지배하던 금은
몽골 유목민인
타타르의
침략을 막고자

타타르
......!

힘을 키운
테무친에게
타타르 토벌에
협력할 것을
요청했다.

고원의
패권을 두고
1백 년을 넘게
다투고 있는
우리의 숙적이
아닌가!

하겠다!

1196년
테무친은
금·케레이트와 함께
타타르를 격파했다.

금과 함께
타타르를
친다!

테무친은
대장간을 만들어
철제 무기를
생산하고
군비 강화에
힘썼다.

중국 북부를 지배하는
금에 협력한 것을 계기로,
테무친은
여러 물자와 기술을
손에 넣을 수 있었다.
제철 기술도
그중 하나였다.

숙적인 타타르를
비롯해,
대립 중이던 부족을
차례로 쓰러뜨리며
힘을 키운 테무친은

이제
케레이트에게
든든한
동맹이 아닌

위협적인
존재로
성장한다.

1203년

이윽고 토오릴과 테무친의 관계가 틀어지며

케레이트의 대군이 테무친의 진영으로 들이닥쳤다.

테무친은 고전 끝에 살아남은 수하들을 이끌고, 몽골 고원의 변두리에 있는

발주나 호수까지 도망쳤다.

그런 말씀 마십시오!

주군께서는 반드시, 다시 일어서실 겁니다!

무참히 짓밟히다니, 면목이 없네.

이렇게

영원히
변치 않을
군신의 증표로
삼자!

오늘
나눠 마시는
이 흙탕물을

고맙다!

이때 함께 있던
가신들은
'발준투'라 불리며
몽골 제국의 명문가로
자리 잡게 된다.

케레이트 진영

테무친은
반격을
준비한다.

그리고,

엥?

지금
이다!

방심한
틈을
노려야 한다!

주군!
토오릴의
군대가
경계를 풀고

연회를
벌이는
중이라
하옵니다!

테무친의
군대는
빠르게 이동해
한밤중에
케레이트를
포위한다.

!

웬
소란
이냐.

오 오 오···

파

앗

케레이트군은
삼 일 밤낮으로
저항했으나,
결국 항복하고
만다.

케레이트는
이렇게
멸망한다.

토오릴은
도주 중에
살해되었고

몽골

나이만

서요

서하

금

티베트

남송

이듬해인
1204년에는
테무친이
몽골 고원의
서부에 위치한 대국,
나이만과의 전투에서
승리를 거둔다.

44

이렇게
테무친은
몽골 고원의
유목민을
통일했다.

오늘날
이 지역을
'몽골' 고원이라고
부르는 이유는,
몽골 부족이
통일했기 때문이다.

몽골은 원래
일개 부족의
이름에 불과했지만,
이때부터는
고원에 사는
모든 유목민을
가리키는 말이 되었다.

유목민의 지도자가
되기 위해서는
무력은 물론,
쿠릴타이에 모인
일족과 신하들의 천거가
반드시 필요했다.

이렇게,
테무친은
칸의
자리에
올랐다.

칭기즈 칸
폐하 만세!

몽골
제국이
탄생
하는
순간
이었다.

가장 먼저 기마병 천 명을 하나의 단위로 하는 천호(千戶)라는 집단으로 편제했다.

칭기즈 칸은 곧바로 개편에 착수했다.

한편, 막내인 툴루이는 자신의 밑에 두고 약 70개※의 천호를 결집했다.

동생들에게는 동쪽의 유목민을 하사했고, 아들인 주치, 차가타이, 오고타이에게는 각각 4개의 천호를 하사해 서쪽을 방목지로 삼았다.

서쪽 주치

오고타이

중앙 칭기즈 칸

툴루이

차가타이

동쪽

동생들의 천호

※ 총 95개의 천호 중, 70개 이상이 중앙에 위치함

또한, 형제와 아들들에게도 천호의 일부를 부여했다.

예수게이

테무게 옷치긴 · 카치운 · 주치 카사르 · 칭기즈 칸 ═ 보르테

툴루이 · 오고타이 · 차가타이 · 주치

쿠빌라이 · 바투

'오르도'는 군주의 천막을 가리키는데,

폐하!

병사들이 지키는 칭기즈 칸의 대(大)오르도는 계절에 따라 몽골 중앙부의 대초원을 이동했다.

몽골 고원을 통일한 칭기즈 칸의 명성은 주변국에 널리 알려졌다.

고창회골의 왕이 사신을 보내 왔습니다!

고창 회골은 유서 깊은 나라 이지.

환영하네.

하여, 칸께 충성하는 의미로 서요 사신의 목을 바치겠나이다!

하지만, 칭기즈 칸 님이야말로 이 땅의 진정한 주인.

저희는 오랫동안 서요에 충성해 왔습니다.

고창회골의 사신

자신들을 따르지 않던 서하는, 원정을 거듭한 끝에 화의를 맺었다.

또한

후회하지 않을 게야.

성은이 망극하옵니다.

고창회골처럼 자진하여 몽골 제국에 충성하는 나라도 속속 등장했고,

금으로 진격하라!

교역로를 장악해 철 광산※을 손에 넣은 지금, 우리가 왜 금에 고개를 숙이겠는가.

원래 금은 우리의 오랜 숙적이다.

※ 철의 재료를 채취할 수 있는 산

금

중도 (베이징)

수 년간 계속된 몽골군의 공격에

금의 수도인 중도(中都)는 고립되고 만다.

1211년 칭기즈 칸은 드디어 금과의 협력 관계를 청산하고 화북을 공격했다.

…

할 수 없군.

선종
금의 황제

저들은 예전의 몽골이 아닙니다. 싸운다 한들, 승산이 없습니다.

배상금을 주어 달래셔야 하옵니다.

좋다.

받아 들이지.

금의 황제가 화친을 요구하였 나이다.

폐하!

공물이야 쥐어짜면 얼마든지 낼 수 있는 것 아닌가.

그러니, 공물을 바친다면 이쯤에서 그만두겠소.

이대로 금을 없애버릴 수도 있지만, 그러면 무슨 이득이 있겠는가.

몽골 제국

금의 황제는 중도를 버리고 개봉(開封)으로 도망쳤다.

중도 (베이징)

개봉 (카이펑)

금에 큰 타격을 입힌 몽골 제국은 화북 지역의 대부분을 손에 넣었다.

51

이것이
화레즘의
대답인가.

그렇
다면,

싸우는
수 밖에!

화레즘
제국을
침공한
몽골군은

칭기즈 칸은
중앙아시아
원정에
나섰다.

몽골

오트라르 ○

카스피해

○ 사마르칸트

화레즘 제국

이 사건을
계기로
1219년,

몽골을
피 흘리게 한 자,
그 목숨으로
사죄하라!

살려주십시오!

곧바로
오트라르
마을을
점령했다.

네놈이
이곳의
태수인가.

사마르칸트
화레즘 제국의 수도

몽골 군사들이 벌써?!

무함마드 2세
화레즘 제국의 술탄

우리를 평원으로 이끌어 내려는 속셈이겠지.

우선, 서쪽으로 후퇴해 수비를 강화한다.

나도 곧 뒤따라 가마. 수고 하게!

…

그러 니까,

술탄에게 버림받은 화레즘군은 와해되고

술탄이 도망치다니, 이제 다 끝이야!

튄 거죠?

말도 안돼

카스피해까지 도망친 화레즘의 술탄은 쓸쓸히 죽음을 맞이한다.

중앙아시아는 몽골 제국의 손에 넘어가게 된다.

몽골군은 그 기세를 몰아 서쪽으로 진격했고

1223년에는 흑해 북부 연안에 도착해 루스(러시아) 제후군을 격파했다.

아랄해

오트라르

카스피해

사마르칸트

흑해

타브리즈

질풍 같은 몽골 기마부대의 출현은 유럽을 충격에 빠뜨렸다.

몽골

금

서하

수도 흥경
(인촨)

남송

7년 만에
몽골로 돌아온
칭기즈 칸은
곧바로,

1226년, 제5차
서하 토벌에 나서
수도 흥경(興慶)을
포위했다.
하지만,

쉿

할바
마마!

칭기즈 칸의 천막

전쟁 중에
쓰러진
고령의
칭기즈 칸은

그로부터
며칠 후,
서하가
항복한다.

1227년
칭기즈 칸은
전쟁 중에
숨을 거뒀다.

예.

칭기즈 칸의
유해는
몽골 고원의
'성스러운
산'이라
불리는 곳에
묻혔는데,

그 봉분의
흔적을
찾을 수 없도록
신하들이
말에 올라
주변의 땅을
다졌다.

이러한 탓에
칭기즈 칸의 무덤이
어디에 있는지
정확히 아는 사람은
없다고 한다.

몽골을 통일하고
나아가
서쪽까지 제국을
확장했던
칭기즈 칸.

그의
정복 사업은
후손들이
이어받게
된다.

유목민의 사회에서는 막내가 부모의 재산을 상속받는 풍습※이 있었기 때문이다.

바이칼 호

오고타이
셋째 아들

차가타이
둘째 아들

오논 강

오르도

툴루이
막내 아들

칭기즈 칸이 죽고 난 후, 그의 군대와 재산을 상속한 막내 '툴루이'가 임시로 정무를 대행했다.

나는 위대하신 아버지의 피를 이어받은 아들이다.

오고타이

하지만 황제는 외부와의 싸움을 이끄는 지도자이니만큼, 쿠릴타이를 개최해 선출했다.

1229년에 열린 쿠릴타이에서 칭기즈 칸의 셋째 아들인 '오고타이'가 칸으로 선출되었다.

아버지가 이루시지 못한 금 정벌을 완성하겠다!

※ 자녀는 성인이 되면 재산을 나눠 주고 독립시켰는데, 마지막까지 부모곁에 남는 막내가 남은 재산을 상속받음. 이를 말자 상속(末子相續)이라고 함.

오르도

하지만, 원정에서 돌아오는 길에

동생인 툴루이가 병으로 사망한다.

금은 황허 강 근처에서 겨우 명맥을 이어갔는데, 오고타이는 이를 뿌리뽑기 위해 군사를 화북 지방으로 이동한다.

황허 강

개봉 (카이펑)

금은 이 원정으로 큰 타격을 입고, 1234년에 멸망하고 만다.

아버지!

몽케
툴루이의 첫째 아들

훌라구
툴루이의 셋째 아들

쿠빌라이
툴루이의 둘째 아들

아리크부카
툴루이의 넷째 아들

거대한 중앙군을 물려받은 막내 툴루이의 죽음은 오고타이에게 좋은 기회였다.

후후 내 뜻대로 되었군

아우여...

바이칼 호

오고타이 가문

카라코룸

중도
(베이징)

차가타이 가문

오고타이는
툴루이 가문이
소유한
몽골 고원의
중앙부를
자신의 것으로
만들어

남송

그곳에
수도
카라코룸을
세웠다.

궁전과 관청이
세워지고,
중앙아시아와
중국 등
각지에서

관리와 상인,
사절단이
몰려들었다.

초원 위에 세워진
도성 카라코룸은
정착민과
외국인 사절단,
상인을 위한
도시였다.

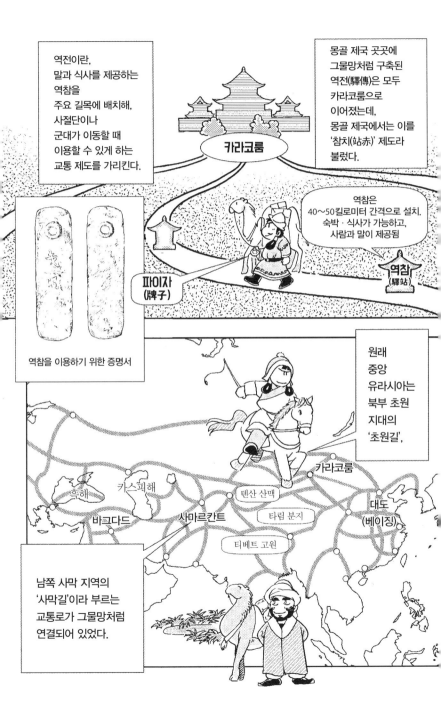

역전이란,
말과 식사를 제공하는
역참을
주요 길목에 배치해,
사절단이나
군대가 이동할 때
이용할 수 있게 하는
교통 제도를 가리킨다.

몽골 제국 곳곳에
그물망처럼 구축된
역전(驛傳)은 모두
카라코룸으로
이어졌는데,
몽골 제국에서는 이를
'참치(站赤)' 제도라
불렀다.

카라코룸

역참은
40~50킬로미터 간격으로 설치.
숙박·식사가 가능하고,
사람과 말이 제공됨

파이자
(牌子)

역참
(驛站)

역참을 이용하기 위한 증명서

원래
중앙
유라시아는
북부 초원
지대의
'초원길',

흑해
카스피해
텐산 산맥
바크다드
사마르칸트
타림 분지
대도
(베이징)
티베트 고원
카라코룸

남쪽 사막 지역의
'사막길'이라 부르는
교통로가 그물망처럼
연결되어 있었다.

이들의 뒤를 이어, 몽골 시대에는 이슬람 상인[2]과 불교 신도인 위구르 상인이 활약했다.

오아시스 상인의 대표적인 예인 소그드인은 조로아스터교와 마니교를 믿는 이란계 주민이다.

'초원길'은 유목민이 주로 이용했지만, '사막길'은 대상(隊商)[1]을 조직해 국제적으로 무역활동을 벌이던 오아시스 도시의 거상들이 주로 이용했다.

[2] 상업에 종사하는 이슬람교 신도   [1] 건조 지대 등을 무리를 이뤄 이동하는 상인 행렬. 캐러밴(caravan)이라고도 함

오고타이의 치세에도 위구르족을 수상으로 임명했고,

재정은 무슬림[4] 관리에게 맡겼다

몽골 제국은 중앙 유라시아의 국제 상인을 받아들여 무역과 외교, 재정 분야에 활용했다.

색목인[3] 관료

위구르족 수상

[3] 다인종이라는 뜻으로, 몽골 제국에 충성하는 사람 중에서 주로 중앙아시아와 서쪽 출신을 지칭함
[4] 이슬람교의 교리에 따르는 사람들

이번에는 몽골군이 어찌어찌해서 돌아갔지만, 만일 또 쳐들어 온다면 어찌 될지 모르겠군.

1245년 로마

한편, 몽골군이 폴란드와 헝가리까지 진출했다는 사실은 유럽에 큰 충격을 주었다.

인노첸시오 4세
교황

예.

플라노 드 카르피니
프란치스코회* 수도사

당장 몽골로 출발해 정보를 모아 오게나.

어떻게든 몽골과 손을 잡아야 한다.

※ 청빈을 이상으로 삼고, 기부금으로 포교 활동을 하는 수도회

이듬해, '플라노 드 카르피니'는 카라코룸에 도착했다.

마침, 오고타이의 아들, '귀위크'가 제3대 칸에 즉위했을 무렵이었다.

툴루이 — 오고타이 — 차가타이 — 주치

아리크부카 — 훌라구 — 쿠빌라이 — 몽케 — 쿠텐 등 — 귀위크 — 바투

귀위크
몽골 제국 제3대 칸

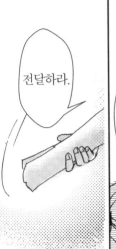

전달하라.

복종하지 않는 백성들이여, 이를 경외하라!

몽골 제국을 지배하는 바다와 같은 군주의 칙령.

몽골의 황제가 로마의 교황에게 보내는 답신이다.

플라노 드 카르피니가 귀국 후 저술한 『몽골인의 역사』[1]는 서유럽인이 작성한 최초의 몽골 견문록으로 알려져 있다.

※1　Ystoria Mongalorum

그리스도교 신도들도 있다고 들었다.

몽골에는

십자군이 성공하려면 몽골과 손을 잡는 게 좋겠지.

프랑스의 루이 9세 또한 동방의 몽골에 관심이 있었다.

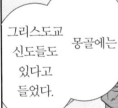

예, 전하.

가서 몽골의 분위기를 파악해 오너라.

기욤 드 뤼브룩
수도사

1253년에
루이 9세가
파견한 수도사
'기욤 드 뤼브룩'은
이듬해
카라코룸에
도착했다.

당시는
즉위 2년 만에
사망한
귀위크의 사촌,
'몽케'가 칸으로
즉위했을 때였다.

몽케
몽골 제국
제4대 칸

마침
잘
됐군.

뤼브룩,
그대도
참가하게.

종교 간의
갈등이
생기면
공개적으로
토론을
벌이곤 했다.

종교의 자유가 있던
몽골 제국의
백성들은
불교, 도교※2,
이슬람교 등을
자유롭게
믿고 있었는데,

※2 중국의 종교. 유교, 불교과 함께 3대 종교 중 하나

흐음…
몽골은
공정한
나라로구나.

알겠
습니다!

단,
상대를
도발하거나
모욕을 줘서는
안되네.

69

종교인들은 각자 다른 언어를 구사했기 때문에, 토론에는 통역이 함께 참가했다.

그리스도교 신도가 있기는 하지만,

『여행기※2』라는 이름의 보고서를 작성한다.

귀국한 기욤 드 뤼브룩은

이단(異端)과 다름없는 자들이 아닌가.

네스토리우스파※1라니…

※2 Itinerarium

※1 로마 가톨릭과는 다른 그리스도교 종파로, 아시아에 널리 알려짐

쿠빌라이는 남송을 공격하라.

예!

1253년 몽케는 형제들에게 원정을 명령했다.

명을 받들겠나이다!

'아리크부카', 너는 나와 함께 카라코룸을 지킨다.

'훌라구'는 군사들을 데리고 서쪽으로 간다.

예.

아바스 칼리파국의 수도, 바그다드에는 이슬람 종교 지도자인 칼리파가 있었지만,

알 무스타심
아바스 칼리파국 칼리파

서방 원정에 나선 훌라구는

이란을 제압하고 이라크로 진격했다.

무슬림 사회를 충격에 빠뜨렸다.

1258년 아바스 칼리파국의 멸망은

훌라구의 군사에 항복한 뒤 처형당한다.

몽골

남송

한편, 동쪽에서는 쿠빌라이가 남송 정복의 지휘를 맡았다.

이윽고, 몽케가 막냇동생 아리크부카에게 수도를 맡기고 출진했다.

하지만

아우가 고전하고 있구나.

그렇다면 내가 직접 나서지!

하지만 평원에 살던 몽골군은 산과 강으로 둘러싸여 있는 중국 남부 지방 지형에 익숙하지 않아 공격하는 데 애를 먹었다.

황제 폐하께서 돌아가셨으니, 합동 작전은 어려울 듯 합니다.

뭐라?

형님이 돌아가셨다니!

1259년 8월 몽케는 병으로 쓰러져 전쟁 중에 사망하고 만다.

음...

아니다.

다음 칸이신 아리크부카 님을 알현하러 가셔야 합니다!

하오나!

우리의 본거지인 개평부(開平府)※로 다들 모이라고 하라.

쿠빌라이는 전쟁을 속행해 승리로 이끈 후, 북진을 명령했다.

※ 중화인민공화국 내몽골 자치구 '시린궈러 맹' 내의 '정란 기'

황위 계승의 정통성이 자신에게 있다고 생각했던 아리크부카는 경악했다.

'쿠빌라이'는 본거지에서 자신의 지지자만이 모인 쿠릴타이를 열고 칸의 자리에 올랐다.

아니다!

쿠릴타이를 열어, 내가 다음 칸이 되겠다!!

진정한 칸은 바로 나다!

모두 밟아 버려라!

쿠빌라이의 즉위는 정통성이 없는, 일종의 반란이었다.

뭐, 뭐라?!

카라코룸 수도

쿠빌라이 형님께서 쿠릴타이를 열었다고?

아리크부카

중국의 풍부한 물자를 바탕으로 상황을 역전시켜 나갔다.

쿠빌라이의 즉위는 반란으로 시작했지만, 동부 지역의 지원과

1260년 몽골 제국 최초로 황위를 둘러싼 무력 충돌이 발생했다.

카라코룸
아리크부카

개평부
쿠빌라이

아리크부카가 항복하면서 쿠빌라이는 명실상부한 몽골 제국의 칸이 되었다.

형님이 이겼소.

제... 제길.

이윽고 1264년

내가 바로 칸이다.

조부님이신 칭기즈 칸의 위업을 이어 받아, 이 나라를 더욱 크게 키우겠다.

칸이 된 쿠빌라이는 새로운 제국을 건설하기 시작했다.

주치 울루스
킵차크한국

오고타이 울루스

카라코룸

원 (元)

차가타이 울루스
차가타이한국

훌라구 울루스
일한국

이 시기의 몽골 제국은 동쪽으로는 동해, 서쪽으로는 러시아와 지중해까지 유라시아 대륙의 대부분을 지배할 정도로 확장되어 있었다.

칭기즈 칸의 후손들은 각지에서 칸을 중심으로 느슨한 연합체를 형성하며 몽골 제국을 통합했다.

유목민의 군사력과
오아시스 상인의 상업력,
중국의 경제력이
뛰어난 지도자 밑으로 결집하며
몽골 제국은 크게 발전한다.

이 거대한
교류의 시대를
가리켜
'몽골 시대'라
부른다.

칭기즈 칸과
그의 후손들 밑에서,
여러 사람들이
민족·종교·직업과는 무관하게
유라시아 대륙을 오가며
함께 생활했는데,

베네치아

제노바

1298년
이탈리아
제노바

쿠르촐라 전투[※]에서
패배한
베네치아인들이
한 건물에
붙잡혀 있었는데,

※ 베네치아 공화국과
제노바 공화국 함대
사이에서 벌어진 전투

그중,
기묘한
이야기를
하는
남자가
있었다.

76

쿠빌라이
원(元)의
초대 황제

아시아를
돌아다니며
원(元)의 황제
'쿠빌라이'를
섬겼다고 하는

베네
치아의
상인
이었다.

원에서는
종이로
물건값을
치르지.

마르코 폴로

불타는
검은 돌도
봤다네!

그의 이야기를
믿는 사람은
아무도 없었다.

허풍은!

에이.
거짓말
하지 마슈.

쿠빌라이 님의
나라에서 체험한
그 놀라운 일들이!

종이에
기록해 두면
언젠가 책으로
나올지도
모르겠군.

마르코 폴로가
중국을 방문하기
5년 정도 전으로
거슬러
올라가 보자.

1266년
몽골 제국의 황제 쿠빌라이는
금의 수도인 중도의 외곽에
새로운 수도를
건설하리라 선언했다.

신 수도 건설지

중도
(베이징)

이것이
오늘날
베이징의
기원이다.

1269년 쿠빌라이의 오르도

새로운 수도는 우리의 고향인 몽골 대초원과

풍요로운 강남※1을 잇는 곳이 되리라.

신 수도

남송(南宋)을 모두 손에 넣을 날이 머지않았으니 말이다.

양쯔 강

남송

임안 (항저우)

※1 양쯔 강(長江) 하류 지역. 경제의 중심지로 번성함

절과 불탑은 네팔에서 데려온 장인에게 맡기고자 합니다.

또한, 운하를 끌어와 배가 들어올 수 있게 하고, 수운과도 연결할 것입니다.

새로운 수도는 참치(站赤)의 교통로와 연결하겠습니다.

대 몽골 제국의 황제에게 어울리는 수도를 건설하겠나이다.

돈을 아낌없이 투자해,

그 칙령은 새로운 문자로 쓰는 것이 좋겠군.

흠. 그렇다면,

파스파
티베트 불교※2의 승려

※2 인도 불교와 티베트 민족 신앙이 융합된 종교

1269년 파스파 문자는 몽골의 공용 문자로 지정되었다.

파스파 문자로 기록하라.

여기 티베트의 파스파 대사가 만든

앞으로 조칙은

특히, 색목인이라 불렸던 중앙아시아와 서아시아 출신의 사람들이 재정과 행정 분야에서 활약했다.

민족 · 종교 · 출신지 와는 상관없이 실력 위주로 대신과 관리를 등용했다.

몽골 제국은 건국에 공을 세운 유목민 무장의 집안을 중용하는 한편,

1271년
쿠빌라이는 칸이
다스리는 나라를
'대원(大元)',
통칭 '원'이라
이름 붙였다.

그때까지
국호는
유서 깊은
지역의
이름에서
따오는 것이
관례였는데,

'대원'은
유교의
고서에서
유래한 최초의
국호이자,
중국 풍습에는
없는
명명법이었다.

'대원'은
하늘과 우주를
의미한다.

몽골과
중국을
넘어선

쿠빌
라이의
새로운
제국이
시작된
것이다.

이듬해에는
하늘과 우주의
중심이라는
의미를 담아
새로운 수도의
이름을 대도(大都)라
지었다.

젠장.

이래서야 어디 지원군이 올 수 있겠나!

1271년 10만의 대군을 이끌고 양양과 번성을 포위한 몽골군은

힘으로 밀어붙이지 않고 포위망을 구축해 지구전에 나섰다.

번성

양양

여문환, 만만치 않은 상대다.

돌아가신 훌라구 님의 아드님이신 '아바카' 님이 원군을 보내셨습니다.

회회포 (回回砲)라 불리는 거대 투석기였다.

1273년 쿠빌라이의 진영에 공성용 신무기가 도착했다.

때마침 잘 왔다.

즉시 양양으로 가게.

이렇게 원군(元軍)은 학살이 아닌, 적을 포용하는 전술을 택했다.

나는 이런 나라를

이기려 했단 말인가.

이,

이럴 수가…

양양과 번성은 남송 최강의 군대가 지키고 있었다.

성은이 망극 하옵니다.

목숨을 다해 충성하겠 나이다!

이들은 남송의 황제가 있는 수도, 임안으로 향했다.

쿠빌라이의 남송 정복은 이렇게 끝을 향해 가고 있었다.

쿠빌라이에 충성을 맹세한 옛 남송군은, 역으로 선봉에 서서 원군을 이끌었다.

대도。 (베이징)

개봉 (카이펑)

임안 (항저우)

양양 (샹양)

87

한반도를 자신들의
영향력 아래에 둔
몽골(원)은,
이제 일본으로
시선을 돌렸다.

○ 대도
(베이징)

원

고려

한반도의 고려는
1259년부터
원 간섭기가
시작되었고,

이에 저항하던
일부 군사들의
반란도
진압되었다.

고려는
우리 편이
되었지만,

고려를 통해
서신을 보내도
일본이 응하지를
않습니다.

사신을
다시 보내
수교를
맺겠다고
전하라.

어물쩍하다가
남송과 손이라도
잡는다면
귀찮아진다.

원의 사절단이
수차례
방문했지만,
일본은
아무런 대답도
주지 않았다.

호조 도키무네
가마쿠라 막부 싯켄

이때의 일본은
'호조 도키무네'가
가마쿠라 막부의
싯켄(執權)※으로
즉위해
실권을 장악했던
시기였다.

※ 가마쿠라 시대에 쇼군을 대신해
정무를 총괄하던 직책

88

카이두 칸의 반란 말이구나.

아아.

괜찮은 거예요?

오아시스에 있던 사람들이 전쟁이 났다고 하던데요.

삼촌!

하지! 중앙아시아 도착했을 ㄸ 일행 전쟁 소식 접하게 된ㄷ

칭기즈 칸

주치   차가타이   오고타이   툴루이

귀위크   카시   쿠빌라이   훌라구

카이두

카라코룸

중앙아시아에서는 오고타이의 손자인 '카이두'가 툴루이 울루스※ 출신인 쿠빌라이에 반기를 들어 세력을 넓히고 있었다.

※ 민족, 부락인, 백성을 지칭하는 몽골어

우리가 지나가는 데는 문제없으니 안심하렴.

나라님들 끼리의 싸움 이란다.

아하!

주치 울루스와 훌라구 울루스 또한 서로 대립했다. 하지만 몽골 제국은 분열하기는커녕, 여전히 느슨한 연합체의 형태를 유지했다.

대도 (베이징)

원

남송

뵙게 되어 영광입니다.

먼 길 오느라 고생하셨소.

쿠빌라이의 오르도

제 아들, 마르코입니다.

그런가. 앞으로 눈여겨 보겠네.

이 젊은이는 누군가?

광장히 거대하고 훌륭한 도시다.

이제껏 본 도시들과는 비교도 안되게 커!

마르코 폴로는 상도를 떠나 이제 막 완성된 겨울 수도, 대도로 향했다.

마르코 폴로가 몽골 땅을 밟을 무렵, 원은 묵묵부답인 일본을 침공하기 위한 전투 준비에 한장이었다.

혹시 전쟁이 일어나는 건가요?

그러고 보니, 그때 군인으로 보이는 사람들도 있었는데,

작은 섬나라지만, 궁전의 지붕이나 바닥이 모두 금으로 되어 있다고 하더군요.

아아. 지팡구*(일본) 라는 나라를 공격할 겁니다.

황금의 섬, 지팡구 …!

※ Zipangu, 당시 일본국을 가리키는 중국어 '지펀구'의 음차 표기

합포 (지금의 마산)

고려

쓰시마

이키

히라도

하카타

쓰시마 · 이키 등을 공격한 뒤, 하카타 만으로 진격했다.

몽골 · 고려 연합군은 고려의 합포를 출발해

같은 해인 1274년 10월, 쿠빌라이는 일본 원정에 나섰다. (원의 제1차 일본 원정)

10월 20일
하카타의
해안에
상륙한
원군과
일본군이
격돌했다.

일본군이
처음 보는
'철포(鐵砲)*'와
집단 전술에
당황하는 사이,
싸움은
원군 쪽으로
유리하게
흘러갔다.

※데쓰하우(てつはう). 원군이 사용한 화약 병기로, 최초의 수류탄.

침착
하라!

이,
이건
무슨
소리냐
?!

퍼
어
어

쐐
애

의외로 저항이 거세군요.

부사령관이 부상을 입었습니다.

하지만 일본의 분전으로, 원군도 손해를 입고 며칠 뒤 함대를 철수한다.

이쯤에서 돌아가는 게 낫겠어.

급히 먹는 밥은 체하기 마련이다.

흠. 식량도 화살도 부족하군.

힌두
원군 사령관

이렇게 몽골의 제1차 일본 원정은 일단락 되었다.

아니야! 우리가 이긴 거라고!

사, 살았어.

이게 도대체 어떻게 된 거지?

다음날 아침, 하카타 만에서 원군의 선박이 모습을 감췄다.

여기까지란
말인가
……

공제
남송 황제

양쯔 강

임안
(항저우)

한편,
남송
방면으로는
'바얀' 장군이
이끄는
원군이
여문환을
앞세워

수도
임안에
당도했다.

바린 바얀
원의 장군

우리 군의
장수였던
여문환과
범문호 역시
살려주었다
하니

믿어도 될
듯합니다.

바얀 장군이
해치지는
않겠다고
했습니다.

북송(北宋)에서
남송으로
이어졌던
송(宋)의 역사는
이렇게
막을 내린다.

1276년
임안은
함락되었다.

하지만
이들 세력 또한
1279년,
원에 의해
소탕되었다.

끝까지 항전을
주장하던 남송의
일부 대신들은,
황제의 아우를
옹립하고 남쪽에서
저항을 이어갔다.

제국의
확장으로
드디어
바다까지
손에 넣었다.

드디어
원이
중국 땅을
차지하는
순간이었다.

쿠빌라이는
몽골의
통제 하에
통상이
확대되기를
원했다.

이를 위해
무력을
행사하기도
했지만,
교통이나 무역이
막히는 일은
결코 없었다.

일본, 대월, 참파,
나아가 남해에
위치한 나라에도
사신을 보내라!

상도
(개평부)

대도
(베이징)

고려

원

임안
(항저우)

통상을 이용해
더 많은 상인과
물자를
끌어모아

나라를
더욱
부강하게
만들겠다!

대월
(쩐 왕조)

참파

'무가쿠 소겐'은 '호조 도키무네'의 초청으로, 일본 가마쿠라에 있는 겐초지에 머무르며 일본의 선종에 막대한 영향을 끼쳤다. 이렇게 양국은 문화적인 교류를 이어나간다.

전쟁이 일어날 지도 모르겠군요.

일본의 총사령관은 소승을 초대하신, 호조 도키무네 라는 분이라 들었습니다.

1275년, 항복을 권유하던 원의 사신들을 모두 죽였다.

하지만 정치적으로 강경한 태도를 고수한 일본은

남송은 이미 손에 넣었으니, 이제 일본으로 간다!

이런 무례를 어찌 참겠는가.

일본이 우리 사신들을 모두 베어 버리다니.

6월에는
명주(明州)에서
강남군이
일본을 향해
출진했다.

동로군
(東路軍)

강남군
(江南軍)

1281년
쿠빌라이는
두 번째
일본 원정을
감행했다.
(원의 제2차
일본 원정)

5월에는
고려의
합포에서
동로군이,

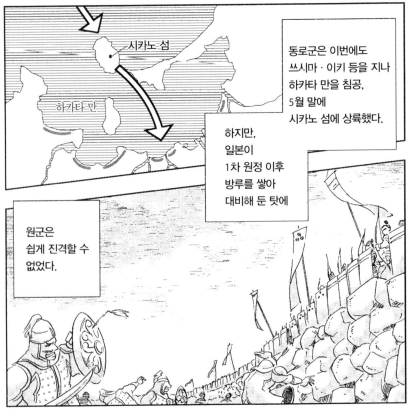

시카노 섬

하카타 만

동로군은 이번에도
쓰시마·이키 등을 지나
하카타 만을 침공,
5월 말에
시카노 섬에 상륙했다.

하지만,
일본이
1차 원정 이후
방루를 쌓아
대비해 둔 탓에

원군은
쉽게 진격할 수
없었다.

섬나라 주제에
감히!

힌두
동로군 사령관

전투가 길어지면서,
일본군이
기습 공격을 하거나
군함을 공격하며
원군을 괴롭히는
일도 벌어졌다.

곧 강남군이   상관없다.
도착할 테니.

큰 공을
세우기만 하면
출셋길이 열리는
건 시간문제.

옛 남송군이
중심인
강남군의
배에는
농기구가
실려 있었다.

전쟁에서
승리한 후
일본을
점령하려는
속셈이었던
것이다.

반드시
일본을
정복하겠다.

범문호
옛 남송의 장수

이렇게 몽골의 일본 원정은 또다시 실패로 끝이 났다.

일본 원정은 그 후에도 계속 논의되었으나 실행으로 이어지지는 않았다.

일본은 이 두 번의 원정을 신이 보낸 바람 때문에 승리했다고 여겨,

이때부터 자신들을 신의 나라라고 생각하는 풍조가 확산되었다.

지팡구

이번에도 원정에 실패할 줄이야.

이 눈으로 황금의 섬을 직접 볼 수 없다니 아쉽지만

결코 잊지 않겠어.

이것이 노구교구나. 엄청 크고 화려해.

마르코 폴로는 원에 머물면서 중국의 여러 지역을 둘러보았다.

마르코 폴로가 감탄해 마지않은 이 노구교는 유럽에서는 '미르고 플로의 디리 (Marco Polo Bridge)' 라고도 불렸다.

이보다 더 훌륭한 다리는 세계 어디서도 본 적이 없어.

노구교
(盧溝橋)

과연 천상의 수도라고 불릴 만해.

정말 아름다워!

과거 임안이라 불렸던 마을, 항주.

이 포석.

이것만 있으면 비가 내려도 땅이 젖지 않아.

불교와 도교뿐만 아니라 그리스도교를 믿는 사람들도 많다는 거겠지.

네스토리우스파의 교회다.

불타는 검은 돌※?

※석탄

이렇게 뜨거울 수 있다니!

타닥 타닥

치이이

재밌으신가?

재미있어 보이는걸.

노천 극장인가?

색목인 양반.

송대에 생겨난 연극은 원대에 가극(歌劇)으로 발전했다. 이를 원곡(元曲)이라고 한다.

○항주
(항저우)

○천주
(취안저우)

여기가 바로 남해 무역※2으로 유명한 자이툰 (천주)!

마르코 폴로는 남쪽으로 나아갔다.

천주(泉州)
세계적인 무역항

※2 원과 동남아시아 지역·인도양·아라비아해를 잇는 무역

후추

향신료

진주·보석

없는 게 없군.

여기서 나오는 세금만 해도 엄청나겠어.

특수한 흙을 고온에서 구워 만들지.

원의 특산품이야.

그건 도자기라네.

정말 아름답고 정교한 그릇이군.

딱딱하지만 매끄럽고, 안에까지 다 보일 것 같아.

도자기가 수출되던 '바닷길'은 '도자기길' 이라고도 부른다.

원

항주 (항저우)

천주 (취안저우)

이후 서아시아에서 들어온 코발트 안료로 무늬를 그려 넣는 '청화백자※'가 탄생하면서, 도자기는 전 세계적으로 사랑받게 된다.

※ 일본에서는 '소메츠키'라 부름

하지만 동방에서는 구리 동전을 사용한다고 들었는데요.

이게 바로 '교초'란다.

삼촌!

그게 종이로 만든 돈인가요?

하지만 금액이 커지면 무거워서 불편하지 않겠소?

보통은 그렇지.

이것보다 금액이 커지면요?

그럼,

교초 2관문 = 구리 동전 2,000개 = 은 한 냥

교초 10문 = 구리 동전 100개

대충 이런 식으로 계산한다오.

그럴 땐 '염인(鹽引)'을 사용한다네.

소금 교환권 말이야.

예?

소금?!

'염인(鹽引)'은 그러한 소금과 동일한 가치를 가지는, 말하자면 가격이 떨어지지 않는 고액 어음과도 같은 것이었다.

예로부터 소금의 판매권은 황제가 독점하고 있어, 매우 비싼 값에 거래되었다.

이 원칙 때문에 제국이 번창하는 걸지도 모르겠어.

실력만 있다면 누구라도 출세한다.

대도의 관료들은 그 출신이 다양했었지.

그러고 보니

이제 슬슬 베네치아로 돌아갈 때인 것 같구나.

폴로의 집 대도

고향을 떠난 지도 벌써 20년인가.

아버지의 건강이 그만 염려되어 고향으로 돌아가고자 하오니, 허락해 주십시오.

이 무렵, 일한국의 왕비가 사망했다. 쿠빌라이는 일한국의 새로운 왕비로 중신의 딸인 '코카친 공주'를 보내야만 했다.

1290년 말, 코카친 공주와 마르코 폴로 일행을 태운 배가 천주에서 출항했다.

이 베네치아인은 항해할 때 도움이 될 겁니다.

공주와 함께 갈 수 있게 허락해 주십시오.

알겠네.

코카친을 부탁하지.

코카친 공주는 마르코 폴로 일행과 작별했다.

타브리즈

차가타이한국

대도 (베이징)

원

일한국

호르무즈

이스파한

천주 (취안저우)

해로를 따라 이동한 일행은 약 2년 후, 일한국의 왕궁에 도착했고,

이것만 있으면 앞으로의 여정은 문제없을 걸세.

가이하투
일한국 제5대 칸

공주를 무사히 모시고 온 공을 인정하여 파이자를 내리노라.

수상한 녀석이군, 누구냐!

멈춰라!

교역로의 안전을 중시했던 몽골 제국은 그 정비와 치안 확보에 힘썼다.

유라시아 대륙은 몽골 제국이 이룬 대통합 아래 서로 연결되어 있었다.

예를 들어, 국왕이 발행한 파이자를 가지고 있으면 신분이 보장되고, 참치를 이용할 수 있는 특권이 부여되었다.

1295년 마르코 폴로 일행은 베네치아로 돌아왔다.

지나 가십시오.

실례 했습니다.

개중에는 마르코 폴로와는 반대로 동쪽에서 서쪽으로 향했던 사람도 있었다.

이렇게 유례없는 규모의 사람과 물건, 그리고 문화가 아시아와 유럽을 오고 갔다.

각오하고 있습니다.

성지 예루살렘에 도착할 때까지 방심하지 말거라.

1276년 두 명의 그리스도교 신자가 대도를 떠나 서아시아로 향했다.

두 사람은 원의 유력 부족인 옹구트 부족 출신이었다.

마르코스
사우마의 제자

사우마
사제

예루살렘

바그다드

사마르칸트

옹구트 부족

탕구트

대도
(베이징)

일한국

원

맘루크 왕조

두 사람은 네스토리우스파의 교세가 강했던 옹구트를 출발해, 예루살렘으로 순례길에 나섰다.

이때, 바그다드에 있던 네스토리우스파의 총대주교가 사망한다.

아쉽군. 여기까지 어떻게 왔는데.

예루살렘은 전쟁 중이라 위험합니다.

그들은 일한국에 도착했지만

118

마르코스는 새로운 총대주교로 선출되었다. 여기에는 몽골의 귀족 출신인 그가 말도 통하니, 몽골 제국의 정치 방침도 파악할 수 있으리라는 정치적인 계산이 깔려 있었다.

저는 아직 수행 중입니다만!

제가요?!

예? 총대주교 라구요?

마르코스 야발라하 3세

1281년 마르코스는 야발라하 3세로 즉위하게 된다.

이 나라와 네스토리우스파를 위해, 서유럽의 그리스도교 국가와 동맹을 맺는 데 힘을 보태 주십시오

스승 님.

1287년

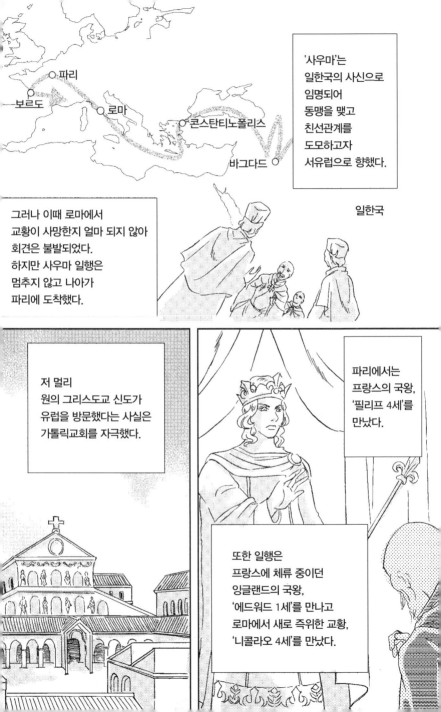

'사우마'는
일한국의 사신으로
임명되어
동맹을 맺고
친선관계를
도모하고자
서유럽으로 향했다.

그러나 이때 로마에서
교황이 사망한지 얼마 되지 않아
회견은 불발되었다.
하지만 사우마 일행은
멈추지 않고 나아가
파리에 도착했다.

일한국

저 멀리
원의 그리스도교 신도가
유럽을 방문했다는 사실은
가톨릭교회를 자극했다.

파리에서는
프랑스의 국왕,
'필리프 4세'를
만났다.

또한 일행은
프랑스에 체류 중이던
잉글랜드의 국왕,
'에드워드 1세'를 만나고
로마에서 새로 즉위한 교황,
'니콜라오 4세'를 만났다.

우리 그리스도교 신도들도

이단(異端)※인 네스토리우스파에 뒤처지면 안 되겠지요.

니콜라오 4세
교황

※ 로마 가톨릭교회는 네스토리우스파를 이단으로 규정함

1289년 수도사 몬테코르비노의 요한은 교황의 편지를 가지고 동방 전도길에 올랐다.

예. 주님의 이름 으로.

몬테코르비노의 요한이여,

가서 주님의 가르침을 전파해 동방 전도를 성공시키게.

몬테코르비노의 요한
수도사

몬테코르비노의 요한은 대도에 교회를 세우고 대사제 자리에 올라, 중국에서 최초로 그리스도교 포교 활동을 시작했다.

1294년 그는 대도에 도착했다.

같은 해,
몽골 제국의
제5대 칸이자
원의 초대 황제인
쿠빌라이가
사망하고

손자인
'테무르'가
그 뒤를
이었다.

바투의 죽음으로
중앙아시아에 있던
반(反)쿠빌라이 세력이
붕괴되며,
몽골 제국의 결속력은
다시 부활한 것처럼
보였다.

쿠빌라이에
저항하던
오고타이 울루스의
바투는,
쿠빌라이의 사망
소식을 듣고
몽골을 공격했으나
실패했고

그때
부상을 입어,
1301년에
사망하고
만다.

122

사실,
몽골과 같은
유목민 사회는
실력에 따라
후계자를 정했다.

26년 동안
칸이
여덟 번이나
바뀌기도
한다.

하지만,
그 후에도
제위를 둘러싼
다툼은
끊이지 않아

과거의
칭기즈 칸과
쿠빌라이처럼
강한 지도력을
발휘하기도
어려웠다.

장남

차남

막내

또한
재산과 신하는
형제에게
분할 상속하면서
그 규모가
줄어들기 때문에

여기에
정치적으로
혼란한 상황까지
겹치고
이렇다 할 대책을
내놓지 못하면서

몽골의
지배는
흔들리게
된다.

게다가
같은 시기에,
세계적인
이상 기후
현상으로 인한
재해와
흑사병※과 같은
역병이 잇따라
발생했다.

※ 14세기, 흑사병(페스트)이
유라시아 전역을 넘어
서유럽까지 확산됐음

그렇다고 해서 전쟁만 했느냐, 그건 또 아니거든.

몽골 제국이 동서고금을 막론하고 가장 넓은 영토를 지배하고 있다는 건 틀림없는 사실이지만

대충, 이런 얘기라네.

1298년 제노바

게다가 동서를 잇는 역전망을 통해서 나 같은 사람들이 오고 갈 수 있게 되니

문화 교류도 활발해진 거지.

경제 활동도 무척 활발 했다네. 멀리 떨어진 지역과도 장사를 하다 보니 여러 나라의 사람들이 활약했고,

말만 들어도 고맙군.

정말 흥미진진하군요! 여기서 나가면 반드시 책으로 내겠습니다.

거기에 황금의 섬, 지팡구까지!

물건을 살 수 있는 종이에, 불타는 검은 돌,

마르코 폴로의 이야기를 책으로 엮은

루스 티켈로의 『백만 가지 이야기』는

유럽에서 큰 인기를 끌었다.

동양에서는 흔히 『동방견문록』으로 알려져 있는 책이다.

그러나 유라시아를 하나로 만들었던 '몽골 시대'의 열기는 제국의 해체와 함께 잠시 수그러들게 된다.

아메리카 대륙을 '발견'하게 될 콜럼버스도

마르코 폴로의 『백만 가지 이야기』를 즐겨 읽었다고 전해진다.

당시 모험가들의 지식과 기록이 후세에 큰 영향을 미쳤음을 알 수 있는 대목이다.

중앙아시아

사마르칸트

몽골 제국에서 수 세기를 거슬러 올라가면

몽골 제국과 마찬가지로 거대한 제국을 세웠던 집단이 있었다.

바로 7세기, 아라비아 반도에 등장한 이슬람교를 믿는 무슬림이었다.

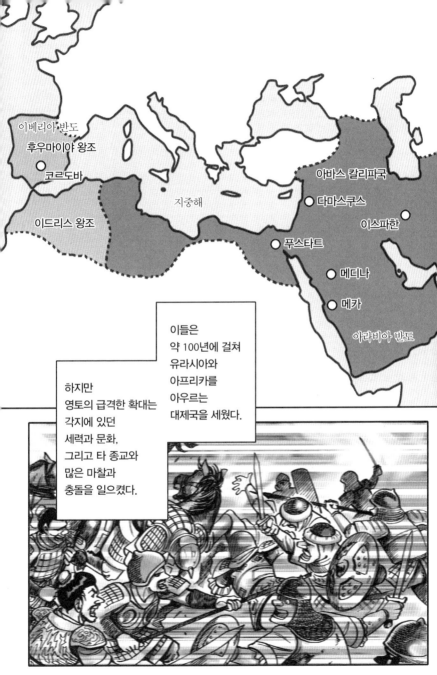

이베리아 반도
후우마이야 왕조
○ 코르도바

이드리스 왕조

지중해

아바스 칼리파국
○ 다마스쿠스
이스파한 ○
○ 푸스타트
○ 메디나
○ 메카

아라비아 반도

이들은
약 100년에 걸쳐
유라시아와
아프리카를
아우르는
대제국을 세웠다.

하지만
영토의 급격한 확대는
각지에 있던
세력과 문화,
그리고 타 종교와
많은 마찰과
충돌을 일으켰다.

[역대 주요 이슬람 왕조]

	이베리아	북아프리카	이집트	시리아/팔레스타인	소아시아	메소포타미아	이란	중앙아시아	아프가니스탄	인도
7세기			라쉬둔 칼리파국							
8세기			우마이야 칼리파국							
			아바스 칼리파국							
9세기	후우마이야 왕조	이드리스 왕조								
10세기						부와이 왕조		사만 토후국		
11세기	무라비트 술탄국	파티마 칼리판국	대	셀주크국			카라한국	가즈나 술탄국		
12세기	무와히드 칼리판국		아이유브 술탄국		룸 술탄국		화레즘 제국		고르 왕조	
13세기	그라나다아이르		만루크 술탄국			일한국				델리 술탄국
14세기				오스만 제국		티무르 제국				

초기의 이슬람 정권은 정복 활동을 통해 세력을 넓혔다.

이를 '레콩키스타'라고 하는데, 스페인어로 '재정복'이라는 의미다.

왕아아

이후, 서고트 왕국의 잔존 귀족을 중심으로 결집한 가톨릭 세력은 이슬람 정권에 저항한다.

가톨릭 국가인 서고트 왕국을 멸망시켰다.

711년 우마이야 칼리파국은 이베리아 반도로 진출해

이때부터 이베리아 반도에서는 약 800년 동안 이슬람과 가톨릭 국가들※1의 영토 싸움이 벌어지게 된다.

이 땅을 주님께 되돌려 드리자!

이교도의 군사를 물리쳐라!

※1 그리스정교회 등 동방 교회를 포함한 그리스도교 전체가 아닌, 가톨릭 세력

하지만, 가톨릭과 이슬람이 항상 전쟁을 벌인 것만은 아니었다.

이슬람과 가톨릭 왕가가 혼인을 맺기도 하고,

누구 맘대로?

오늘부터 여긴 내 땅이야.

결혼 했으니 더 이상의 싸움은 노노~

이슬람 국가끼리 싸우기도 했다.

또한, 이슬람 국가에는 가톨릭 신도들도 많이 살고 있었다.

의외로 다들 빨리 적응하는군.

처음엔 좀 걱정 했는데,

억지로 개종시키려고 하지도 않고 말이지.

백성들이야 누가 다스리든 똑같지 않은가.

따라서, 레콩키스타라는 단어는 가톨릭의 입장을 대변하는 말에 더 가깝다.

이슬람의 군주는 종교가 다르다고 해서 모두 적이라고 생각하지 않았다.

우리 이슬람 국가에서는 세금*2만 잘 내면 이교도라 해도 사는 데 아무 문제가 없다네.

※2 신앙과 목숨을 보호하는 명목으로 비(非)무슬림에게 지즈야(인두세)를 징수함

우리 무슬림은 모두 평등하게 대우해! 아랍인이 아닌 백성들도 있다니까!

후우마이야 왕조

이드리스 왕조

아바스 칼리파국

그 후, 우마이야 칼리파국을 멸망시킨 아바스 칼리파국은 넓은 영토를 지배하는 제국으로 거듭났다.

나 또한 칼리파라 칭하겠다.

수니파인 아바스 칼리파국에 대항하고자,

파티마 칼리파국

아바스 칼리파국

그런 와중에 909년, 북아프리카에서 시아파 국가인 파티마 칼리파국이 세워졌고

우바이드 알라 알마디
파티마 칼리파국의 초대 칼리파

후우마이야 왕조

진정한 칼리파는 바로 나다!

929년에는 후우마이야 왕조의 전성기를 이룩한 아브드 알 라흐만 3세 역시 스스로를 칼리파라 칭했다.

아브드 알 라흐만 3세
후우마이야 왕조의 칼리파

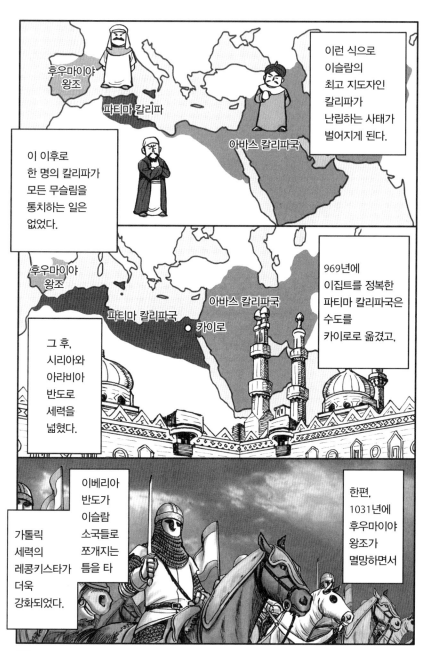

이런 식으로 이슬람의 최고 지도자인 칼리파가 난립하는 사태가 벌어지게 된다.

후우마이야 왕조

파티마 칼리파

아바스 칼리파국

이 이후로 한 명의 칼리파가 모든 무슬림을 통치하는 일은 없었다.

후우마이야 왕조

파티마 칼리파국

아바스 칼리파국

● 카이로

969년에 이집트를 정복한 파티마 칼리파국은 수도를 카이로로 옮겼고,

그 후, 시리아와 아라비아 반도로 세력을 넓혔다.

이베리아 반도가 이슬람 소국들로 쪼개지는 틈을 타

가톨릭 세력의 레콩키스타가 더욱 강화되었다.

한편, 1031년에 후우마이야 왕조가 멸망하면서

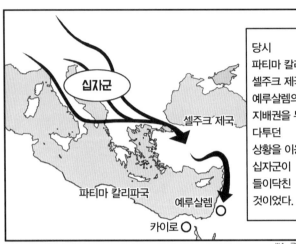

당시
파티마 칼리파국과
셀주크 제국이
예루살렘의
지배권을 두고
다투던
상황을 이용해,
십자군이
들이닥친
것이었다.

11세기 말에는
서유럽의
가톨릭 세력이
성지 예루살렘[1]을
탈환하기 위한
십자군 원정을
시작했다.

※1 그리스도교·유대교·이슬람교의 성지

처음에 그들은
십자군의 행동이
종교적인 이유
때문이라는 사실을
이해하지 못했고

그저
서유럽 국가의
침략 정도로만
받아들였다.

현지
이슬람 세력은
십자군과 동맹이나
화친을 맺는 등,
그때그때
임시방편으로
모면하는 수밖에
없었다.

132

하지만, 십자군이 성지 예루살렘에서 벌인 약탈과 살해 행위는 이슬람 지도자들에게 큰 충격을 안겼다.

그 후, 혼란에 빠진 지중해 동부 해안 지대는 장기 아미르국의 '누르 앗딘 마흐무드'가 통일했다.

프랑크인※2의 폭거를 용서할 수 없다.

지금부터 지하드를 시작한다!

12세기 중반, 누르 앗딘 마흐무드는 지하드를 선언하며

십자군에 대한 반격의 불을 댕겼다.

지하드란, 원래 알라를 위해서 자신을 희생해 싸운다는 의미이다.

하지만 십자군이나 몽골과 같은 이교도의 공격을 받으면서 '방어하기 위한 싸움', '성전(聖戰)'이라는 의미로도 사용하게 되었다.

누르 앗딘 마흐무드
장기 아미르국의 제2대 아미르

※2 서유럽인(가톨릭)을 부르던 호칭

누르 앗딘 마흐무드의 후계자인 살라딘이 승리로 이끌었다.

이렇게 시작된 이슬람 국가들의 반격은

살라흐 앗 딘 유수프 (살라딘)
장기 아미르국의 군인

이 땅을 재건하리라!

그러려면 내가 술탄이 되어야만 해!

군대를 이끌고 이집트로 들어가 재상의 자리까지 오른 인물이었다.

마흐무드를 섬기던 살라딘은, 십자군에게 공격받던 파티마 칼리파국 부탁으로

자신을 따르지 않는 세력과는 카이로에서 전쟁을 벌여 격퇴했다.

살라딘은 쿠르드족과 튀르크족 맘루크 (노예)로 구성된 자신의 직속 부대를 만들었고,

이 땅에 수니파의 영광을 되찾으리라.

알 아디드
파티마 칼리파국의 칼리파

인정 못 한다!

그리고 1169년, 살라딘은 이집트에 수니파 국가인 아이유브 술탄국을 세웠다.

이제는 내가 명실상부한 이집트의 지배자다.

파티마 칼리파국은 이에 반발했지만, 1171년에 칼리파가 사망하면서 멸망하고 만다.

그는 장기 아미르국의 거점, 다마스쿠스를 손에 넣으며 이집트부터 시리아에 이르는 통일 정권을 실현한다.

다마스쿠스

카이로

1174년 누르 앗딘 마호무드가 병으로 사망하고, 살라딘은 시리아 지역으로 진출했다.

이걸로 지중해 동부와 동남부에 있던 이슬람 세력들은 거의 통일했다.

이번에야말로 알쿠드스*를 탈환하자!

이제 프랑크 놈들 차례다.

※ 예루살렘의 아랍어 이름. '신성한 도시'라는 뜻

하틴에서 예루살렘 왕국의 '기 드 뤼지냥'이 이끄는 십자군과 싸웠다. (하틴 전투)

다마스쿠스

하틴

예루살렘

기 드 뤼지냥
예루살렘 왕국의 왕

1187년 살라딘은 1만 2천 명의 기마병을 이끌고 예루살렘으로 진군해

물론이네.

이길 수 있을까요?

내일이 결전이군요.

물이 없으니 목이 타들어 갈게야.

적은 내 계략에 걸려 들었다.

일부러 호수 앞에 진지를 구축했던 것이다.

무—울

…물

그래서 적군이 물을 보급 받지 못하도록

살라딘은 이 시기에 비가 거의 내리지 않아, 강과 우물이 바싹 마른다는 사실을 알고 있었다.

이 땅에 타오르는 불길과 연기 그리고 목이 타는 듯한 갈증까지, 모두 우리의 계략이었음을 깨닫게 해주자!

건초에 불을 붙여라!

이윽고 두 세력은 새벽에 충돌했다.

우리 앞을 가로막을 자, 누구냐!

십자군과 이슬람군의 숫자는 거의 비슷했으나, 전투는 이슬람군의 압승으로 끝이 났다.

받으시오.

…

자, 차가운 장미수※라도 드시오.

그대에게 유감은 없다오.

포로로 붙잡기는 했으나,

※ 장미 향이 나는 투명한 물. 부정을 없앤다는 의미를 가지고 있어 마시거나 사람 또는 물건에 끼얹기도 함

공정한 인물이라 칭송이 자자했다.

살라딘은 이슬람 세력과 십자군 양쪽에서

이토록 자비로운 자였나…

살라딘,

살라딘이 지중해 근처의 각 도시를 하나둘 점령하기 시작해 예루살렘을 포위하기까지 걸린 시간은, 고작 두 달이었다.

모두 힘을 합쳐 알쿠드스를 되찾자.

알겠네.

살라딘의 밑으로 많은 무슬림 장수들이 모여들었다.

알쿠드스를 위해 죽는 것이야말로 알라의 뜻.

있는 힘껏 싸우겠습니다!

알쿠드스를 함께 되찾기 위해 싸우게 왔습니다! 해 주십시오.

무슬림에게는 무함마드가 승천한 중요한 도시였다.

예루살렘은 그리스도교 신도에게있어 예수 그리스도가 부활한 곳이었고, 유대교 신도에게는 성지였으며

반드시 지킨다!!

감히 예수 그리스도께서 부활하신 이 성스러운 곳을 넘봐?

한편, 예루살렘의 성 안

예루살렘을 내놓으라고?!

1187년
9월 20일
이슬람군의
예루살렘
공격이
시작 되었고,

6일 후에는
성벽의
일부가
무너졌다.

항복 조건을
논의
해야겠다.

비록
적이기는
하나,
살라딘은
신의를
아는
자이니,

발리앙
예루살렘 왕국의 기사

몸값만 지불한다면 백성들도 모두 풀어주지. 약탈은 하지 않겠소.

예루살렘을 내어 드리리다.

알겠소.

학살하는 건 위대한 알라의 뜻이 아니다.

항복한 백성을 약탈하고

살라딘의 군대는 예루살렘에 입성했다. 발리앙에게서 몸값을 받은 살라딘은 약속대로 약탈과 학살을 저지르지 않았다.

살라딘의
병사들이
끌어
내렸다.

바위의 돔※
위에
세워졌던
거대한
금색의
십자가는

※ 모스크(이슬람의 예배당), 무함마드가 천사와
함께 천국으로 승천한 장소로 여겨지고 있음

그리스도교의
성지를
포기하게 될
줄이야…

분하다
…

저것 봐,
무함마드께서
승천하신 곳인
바위의 돔이
원래 모습으로
돌아왔어!

우리가 성지
알쿠드스를
되찾은 거야.

143

그 후
제 4대 칸
몽케가 이끄는
몽골 제국이
원정을 재개했고

1258년에는
칭기즈 칸의
손자인 훌라구가
군대를 이끌고
서아시아로
쳐들어 간다.

몽케
몽골 제국 제4대 칸

아바스
칼리파국의
수도,
바그다드로
간다!

훌라구
칭기즈 칸의 손자

모든
무슬림의
왕인 내가
항복이라고
?!

어림도
없는
소리!

훌라구는
항복을
권했지만,
칼리파인
알 무스타심은
이를
거절했다.

● 바그다드
아바스 칼리파국

알 무스타심
아바스 칼리파국의 칼리파

투석기를
이용해
맹공을
펼쳤다.

1258년 1월
바그다드를
포위한
몽골군은

항복하셔야
합니다.

칼리파
님.

줄기차게
계속되던
공격이
끝나고,

홀라구에게
술탄(왕)의
호칭을 주고

공격을
멈추라
구슬려야
겠다.

어쩔 수
없지.

하지만

알 무스타심의
설득에도
몽골군은
공격을 멈추지
않았다.

훌라
구여!

부디 백성들
만이라도
살려주시오!

항복,
항복
이오!

투항한
병사들은
모두
살해되었고
바그다드 또한
철저히
파괴되었다.

그럴 수
없다.

아니.

애초에 우리의
항복 권유를
거부한 건
너희가 아닌가.

저항의
대가는
죽음뿐.

몽골군은
알 무스타심을
가죽 포대 속에
집어넣고는

적이라
하더라도
귀인의 피는
함부로
흘리지
않는다.

그것이
우리의
방식이오.

군마로
짓밟아
살해했다.

500년 동안
이어져 온
아바스
칼리파국은,
1258년에
멸망했다.

훌라구와 몽골계 · 튀르크계 유목민을 중심으로 한 군사는 그대로 이란 고원에 머무르며

'일찍이 이슬람이 겪었던 재난 중 이보다 더 비참한 일은 없었다!'

아바스 칼리파국의 멸망과 바그다드를 덮친 약탈과 파괴의 바람은 각지의 이슬람 정권에게 충격을 안겨주었다.

알 유니니
(?- 1326)
시리아의 역사가

수도는 타브리즈가 좋겠군.

1258년에 일한국*을 세운다.

※ 일한국에서는 가잔 칸(1295~1304) 치세에 군주를 비롯한 몽골의 지배자들이 이슬람교로 개종함

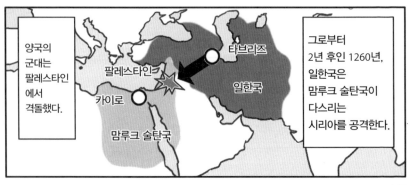

양국의 군대는 팔레스타인에서 격돌했다.

타브리즈

팔레스타인

카이로

일한국

맘루크 술탄국

그로부터 2년 후인 1260년, 일한국은 맘루크 술탄국이 다스리는 시리아를 공격한다.

우리의 용맹함을 보여주마!

프랑스의 국왕을 포로로 삼았던

1260년 9월 3일 아인 잘루트 전투

맘루크 술탄국의 지휘관인 '바이바르스'는, 원래 아이유브 술탄국의 맘루크였다.

이후, 맘루크 술탄국이 아이유브 술탄국을 무너뜨리는 데 힘을 보탠 인물이었다.

1250년 십자군 원정에 나선 프랑스의 '루이 9세'를 포로로 잡으며 두각을 드러냈고

바이바르스
맘루크 술탄국의 지휘관

패배를 모르는 우리 몽골군이 지다니…!

전투는 아침에 시작되었다.

바이바르스의 교묘한 전술로 지휘관을 잃은 몽골군은, 큰 타격을 입고 저녁에 패주했다.

이는 칭기즈 칸 때부터 이어져 온 원정 사업에서 몽골군이 처음으로 맛본 패배였다.

강한 자만이 나라를 다스릴 자격이 있다.

승리한 바이바르스는 맘루크의 술탄을 살해하고 자신이 그 자리에 올랐다.

뭣이?!

이를 잘 이용한다면 정통성을 인정받은 술탄이 될 수 있다!

다마스쿠스에 나타났다고?

살해된 알 무스타심의 숙부라는 자가

그리고 칼리파에게 왕위를 인정받아서

바이바르스는 그를 카이로로 불러 칼리파의 자리에 앉혔다.

자신의 지위를 공고히 했다.

152

이슬람의 학문에 정통한 자를 육성하자.

십자군의 거점을 차례로 빼앗았으며, 메카와 메디나를 손에 넣었고 마드라사(학교)를 많이 세웠다.

또한, 바이바르스는 영토를 더욱 확장했다.

주요 도로에 역을 만들어 사람과 정보가 쉽게 오갈 수 있게 하자. (역전제)

넓은 영토를 지배하려면 제도 개편은 필수다.

군주

군역

징세권 (이크타)

군인

세금

지배

영지 주민

토지와 징세권(이크타)을 주겠다. (이크타 제도※)

군인은 월급 대신,

※ 부와이 왕조가 도입한 제도로, 이후 많은 왕조들이 채택함

153

맘루크 술탄국의 전성기였던 13~14세기에는 유라시아 대륙 전역에서 교역이 활발하게 이루어졌다.

수도 카이로에 거점을 둔 이슬람 상인이나 유대 상인들이 지중해와 인도양에서 활발한 교역 활동을 벌인 덕분에, 카이로는 경제적으로 크게 번성했다.

지중해

카이로

맘루크 술탄국

나일 강

인도양

또한, 아이유브 술탄국과 맘루크 술탄국 중기 무렵의 이집트는 나일 강의 범람으로

밀과 보리와 같은 주요 작물의 생산량이 증가했고, 사탕수수의 상품 작물화도 진행되었다.

보리

밀

사탕수수

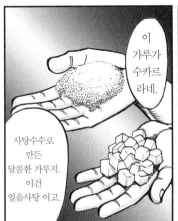

이 가루가 수카르 라네.

사탕수수로 만든 달콤한 가루지. 이건 얼음사탕 이고.

사탕수수가 원료인 설탕과 고급 얼음사탕을 만드는 기술이 발달한 것도 이 시기이다.

프랑스어로 쉬크르 (sucre), 영어로는 슈거라고 (sugar) 불렸다.

이집트와 시리아에서 설탕을 맛본 병사들이 이를 자국으로 가져가면서 널리 퍼졌고,

맛있다!

향신료는 프랑크인이 비싸게 산다지?

여기저기서 팔고 있군.

설탕에 향신료 까지

14세기 카이로의 한 시장

155

베네치아

알렉산드리아

카이로

아덴

인도양

이들이 인도양 곳곳에서 향신료를 대량 구입해서 카이로로 들여오거든.

이곳 카이로를 중심으로 활동하는 상인들이 있어.

카리미 상인 이라고,

특히 베네치아 상인이 아주 환장한다네.

맞아!

공중 목욕탕까지 잔뜩 있군.

여긴 모스크와 미드라사뿐 아니라

병원도 잘 되어 있네.

카리미 상인이란, 아이유브·맘루크 술탄국의 보호 아래 대륙을 오가며 무역을 하던 이슬람 상인을 가리킨다. 이들은 향신료 이외에 도자기와 비단, 설탕 등도 판매했다.

!

둥 칫

둥 칫

둥 칫

둥 칫

응?

156

알라의 가르침을 제대로 이해한 게 아니라고 하더군.

『코란』이나 샤리아[2]에 적힌 대로 행동만 하는 건

수행하는 중일세.

수피파[1]가

도대체 뭘 하는 거지?

여러 가지 수행으로 마음을 갈고닦아서 알라, 즉 진리에 가까워진다는 거지.

※1 이슬람교의 신비주의 종파
※2 9세기 이후, 「코란」과 순나(무함마드가 정한 규범)를 바탕으로 샤리아(이슬람법)라는 법체계가 정비됨

수피파는 포교 활동도 열심히라서 말이야.

모르는 게 없구면?

이와 같은 이슬람 신비주의를 수피즘라고 한다. 12세기 경에는 셰이크[3]를 지도자로 한 신비주의 집단, 타리카가 각지에 생겨났다.

※3 Sheikh, 이슬람의 장로나 원로 학자를 자칭하는 말

이 시기, 알라의 가르침을 알기 쉽게 설명하는 수피파의 활동 덕분에 이슬람교의 교리는 사람들의 생활에 더욱 가까워졌다.

나도 수행에 참여하고 싶어졌다네.

이야기를 자주 듣다 보니,

오호라...

정치 상황도 불안해지며, 맘루크 술탄국의 국력은 더욱 약해져 갔다.

하지만, 14세기 후반 부터는 흑사병이 유라시아 전역을 휩쓸어 인구가 급감했고

맘루크 왕조의 번성은 14세기 전반까지 이어졌다.

그리고 1517년, 13세기 말 아나톨리아에 세워진 오스만 제국에 의해 정복되고 만다.

셀림 1세
오스만 제국의 파디샤

차가타이한국

일한국

같은 시기, 몽골 제국도 흑사병과 같은 천재지변이 잇달아 발생해 기반이 약해진다.

차가타이 한국에서는 분열 항쟁이 일어나는 가운데, '철(鐵)'이라는 뜻의 이름을 가진 '티무르'가 두각을 나타냈다.

티무르

티무르는
몽골 고원에서
서투르키스탄으로
이주한
유력 가문의
후손이었다.

그러나
티무르가
태어났을 때는
이미 집안이
몰락한
상태였기
때문에,

청년 시절의
티무르는
도적질을 하며
생계를
꾸렸다고 한다.

1370년,
사마르칸트를
수도로 하는
티무르 제국을
세운다.

사마르칸트 ○

티무르 제국

티무르는
타고난 통솔력으로
유목민 부족을
평정하고
지배 영역을 넓혀

우리도
칭기즈 칸처럼

다시
원정에
나서자!!

킵차크한국

오스만 제국

앙카라

타브리즈

사마르칸트

티무르 제국

티무르 제국은 일한국이 지배하던 이란과 이라크까지 영토를 확장했다. 또한, 킵차크한국도 공격해 그 세력을 약화시켰다.

과거 몽골 제국이라 불렸던 곳은 모두 손에 넣겠다!

1402년에는 앙카라 전투에서 소아시아를 기반으로 세력을 키운 오스만 제국을 격파하고

황제인 파디샤를 포로로 잡았다.

전쟁의 천재이자 번개라고 불리는 내가 패배할 줄이야. 티무르, 무서운 자로다!

바예지드 1세
오스만 제국의 제4대 파디샤

약 10년 동안 '오스만 공위시대'를 맞이하며 일시적으로 쇠퇴하게 된다.

그 후, 바예지드 1세의 사망으로 오스만 제국은 분열되기 시작해

티무르가 서아시아에 제국을 세웠을 때,

동아시아 에서는 주원장이 건국한 명(明)이

몽골 제국을 북쪽 지역으로 몰아냈다.

명(明)

주원장
명의 초대 황제

그러나 티무르가 동방 원정을 계획하던 도중, 1405년에 병으로 사망하면서

유라시아를 아우르는 대제국의 부활은 수포로 돌아가게 된다.

몽골 제국을 부활 시켜 명에 복수하리다!

그와 그의 자손들은 궁정 문화와 예술을 꽃피우는 역할도 했다.

잔혹한 성정으로 유명한 티무르 였지만,

바그다드에서 10만 명, 이스파한에서 7만 명을 살해하는 등

또한 교역도 장려했기 때문에 사마르칸트는 크게 번성했고, 이슬람 사회에서 학문의 중심지로 성장한다.

티무르는 정복지의 예술가와 학자, 지식인들을 수도인 사마르칸트로 데려와, 저택과 재산을 하사하고 문화·예술 활동에 종사하게 했다.

『집사』라는 책을 아느냐?

아들아.

15세기 초. 헤라트. 샤 루흐의 궁전

샤 루흐
티무르 제국 제3대 아미르

몽골인을 중심으로 편찬한 역사서 아닙니까?

일한국의 라시드 웃딘이라는 자가

『집사』는 1310년에서 1311년 사이 일한국에서 만든 역사서로

물론입니다.

바이손구르
샤 루흐의 아들

우리나라도 후세에 알리고 싶구나.

『집사』와 같은 역사서를 만들어

일한국뿐만 아니라 프랑크와 친※에 관한 내용도 담겨 있어

그렇지.

무척 유용하지.

14세기까지 몽골과 그 주변국의 역사가 상세하게 기록된 책이다.

※ Chin. 중국을 가리키는 말

삽화를
함께 넣어도
좋겠군요.

아바마마께서
좋아하시는

홀륭한
생각
이십
니다.

우리
제국의
역사서!

저는 영웅의
활약상을 담은
이야기가
좋습니다.

아바마마는
역사를
좋아
하시죠.

좋은
생각
이구나.

『집사』
에는 친의
화풍을 따른
삽화가
실렸지만,

그것보다는
조금 더
우아한 느낌이
좋겠지.

사산조 페르시아의
샤한샤나,
영웅의 이야기를 기록한
민족·영웅 서사시인데,

무척
훌륭한 작품
이랍니다.

'피르다우시'가
집필한
『왕서』를
채색 필사본※
으로

만들면
어떨
까요?

※ 손으로 옮겨 적은 책

164

그걸 보고 어찌 술을 마다할 수 있겠습니까?

술과 인생을 노래한 4행시[*1]가 많이 실린 책이지요.

혹시 오마르 하이얌의 시집 『루바이야트』를 읽어보셨는지요?

최근에 와인을 너무 많이 마시는 것 같구나.

그건 그렇고,

※1 4행으로 구성된 시

티무르 제국의 궁전 공방에서는 아름다운 세밀화[※2]를 비롯해 은과 구리로 만든 항아리와 그릇, 타일로 장식된 미술품이 만들어졌다.

※2 금이나 다채로운 색상으로 세세하게 그린 필사본의 삽화

이후 사파비 제국, 무굴 제국, 오스만 제국으로 이어진다.

제국의 뛰어난 궁정 문화는

티무르 제국은 분열을 반복하며 그 규모가 축소되지만,

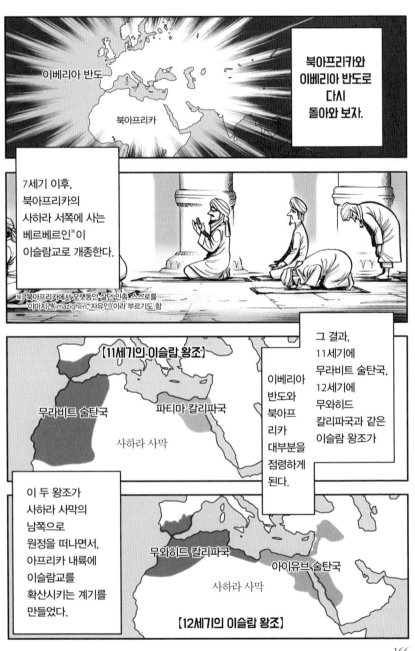

북아프리카와 이베리아 반도로 다시 돌아와 보자.

이베리아 반도

북아프리카

7세기 이후, 북아프리카의 사하라 서쪽에 사는 베르베르인※이 이슬람교로 개종한다.

※ 북아프리카에서 오랫동안 살던 민족. 스스로를 '이마지겐(imazighen, '자유인')'이라 부르기도 함

【11세기의 이슬람 왕조】

무라비트 술탄국

파티마 칼리파국

사하라 사막

이베리아 반도와 북아프리카 대부분을 점령하게 된다.

그 결과, 11세기에 무라비트 술탄국, 12세기에 무와히드 칼리파국과 같은 이슬람 왕조가

이 두 왕조가 사하라 사막의 남쪽으로 원정을 떠나면서, 아프리카 내륙에 이슬람교를 확산시키는 계기를 만들었다.

무와히드 칼리파국

아이유브 술탄국

사하라 사막

【12세기의 이슬람 왕조】

무와히드 지배하던 이베리아 반도의 주요 도시가 가톨릭 국가로 넘어가게 된다.

하지만, 13세기에 접어 들면서

이베리아 반도에서 이슬람 문화의 마지막 불꽃을 태웠다.

이러한 상황 속에서 1232년, 이베리아 반도에 세워진 그라나다 아미르국은

왕자가 공부할 책은 정하셨는가?

여기들 계셨군.

15세기 초. 알함브라 궁전

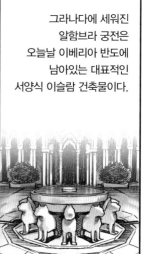

그라나다에 세워진 알함브라 궁전은 오늘날 이베리아 반도에 남아있는 대표적인 서양식 이슬람 건축물이다.

167

이븐루시드
코르도바에서 활동한 무슬림 철학자.
그가 남긴 많은 저서들은
13세기에 라틴어로 번역되어
서유럽의 중세 사상에 영향을 미침

그리스의
철학자,
아리스토
텔레스의 책을
깊게 연구한
학자인지라,

프랑크
인들도
좋아
합니다.

이븐루시드의
책은
어떻습니까?

이븐바투타(무슬림 여행가)
모로코에서 인도를 경유해 중국에 도착함
저서로는 당시의 여행기를 담은 『리흘라』가 있음

왕자님은
친에 가보고 싶다
하시었소.
하여, '이븐바투타'의
『리흘라』를
읽거나

그건 너무
어렵지
않소!

즐겨
보시는 듯
하오만.

'알
이드리시'의
세계 지도를

알 이드리시
시칠리아의 그리스도교 신자.
루제루 2세를 섬기던 아랍인 지리학자.
은판의 원형 세계 지도를 만들었고,
그 지도의 해설서인 『로제르의 책』을 집필함

이븐할둔
아랍의 역사가.
저서 『무깟디마』를 통해 사회 변혁에는
법칙성이 있다고 설명했음

그것보다는!
'이븐할둔'의
『무깟디마』도 왕자님이
꼭 읽으셔야 하오!

여기에 적힌
사회 변화의
법칙과
문명론은
정무에도
큰 도움이
될 거요!

일리가
있소.

그대들의
말에도

물론
지식을 쌓는
것도 좋소.

이
알함브라 궁전의
위대함부터
알아야 하지
않겠소?

하지만
나라의 미래를
책임질
왕자라면,

우리 왕가의 지배가 영원하리라는 보장은 없소.

하지만, 이 궁전은 이슬람 문화의 정수로서 이 땅에 오래도록 남아있겠지.

1492년 그라나다 아미르국이 가톨릭 신흥국인 스페인에 의해 멸망하면서

이슬람 정권의 이베리아 반도 지배는 막을 내린다.

7세기에 탄생한 이슬람교는 각지로 확산되었고

이슬람 국가는 서아시아 · 북아프리카 · 이베리아 반도를 무대로

번영과 쇠퇴를 반복했다.

이 시기에는
이슬람 국가끼리의
전투는 물론,
몽골 제국의 습격,
레콩키스타와
같은

다양한
전투도
펼쳐졌다.

그 중에서도
서유럽 국가들이
십자군이라 부르는
전투는
그리스도교, 유대교,
이슬람교의 성지.
예루살렘을
둘러싸고 펼쳐진

아주
치열한
싸움
이었다.

가톨릭
국가들이
십자군을
결성해
원정에
나선 이유.

여기에는
많은 이들의
속내가
숨겨져
있었다.

1077년

성직자의 임명권을 둘러싸고 황제·국왕과 교황이 대립한 서임권[※] 투쟁이 절정에 달했다.

※ 주교를 임명하는 권리

그레고리오 7세
교황

개혁파 교황인 '그레고리오 7세'에게 파문을 당한

독일 왕 '하인리히 4세'는

밀라노

카노사

로마

이탈리아의 카노사에서 교황에게 무릎을 꿇었다.

하인리히 4세
독일 왕

172

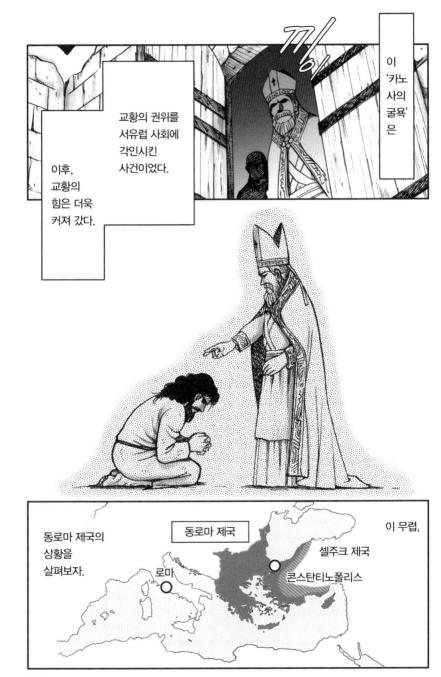

이 '카노사의 굴욕' 은

교황의 권위를 서유럽 사회에 각인시킨 사건이었다.

이후, 교황의 힘은 더욱 커져 갔다.

동로마 제국의 상황을 살펴보자.

동로마 제국

로마

이 무렵,

셀주크 제국

콘스탄티노폴리스

1095년 동로마 황제의 궁전

저희 군이 고전하고 있습니다.

셀주크 군이 너무 강합니다.

귀족에게는 봉토(영지)를 하사하는 대신 군역을 의무화 했지만[1],

병력은 여전히 부족 합니다.

알렉시오르 1세
동로마 제국 황제

※1 프로니아(Pronoia) 제도라고 함

이 무렵 동로마 제국은 이슬람 왕조인 셀주크 제국의 공격을 받고 있었다.

할 수 없지, 로마에 원군을 요청하라!

같은 그리스도교 신도이지 않은가. 교황께서도 도와주실 것이다.

교회의 통합을 논의하고 싶다고 전하라.

서방 교회[2]와는 이미 40년도 전에 인연을 끊지 않았습니까?[3]

하오나, 폐하.

※2 로마 가톨릭교회. 그리스 정교회는 동방 교회라 부름
※3 1054년 동방 교회와 서방 교회는 서로 파문을 선언했음

174

이베리아 반도를 이교도※4에게 빼앗긴 지 400년이 흘렀지만,

피아첸차 북이탈리아

※4 이슬람 신도, 즉 무슬림

카스티야·아라곤 등 가톨릭 세력

피아첸차

로마

이베리아 반도

이슬람 세력

이제는 가톨릭 국가들이 이교도들을 몰아내고 있다.

이베리아 반도에 그리스도교와 교황의 권위를 다시 세울 때가 왔도다.

우르바노 2세 교황

콘스탄티노폴리스의 황제가 이교도와의 전투에 원군을 보내달라는 요청을 했습니다.

교황 성하!

나의 권위가 온 세상에 널리 알려지겠지!

교황의 이름으로 성지 예루살렘을 되찾는다면

좋은 기회다!

예루살렘※5을 되찾을 셈인가?

동로마 제국의 황제가?

※5 예루살렘은 638년부터 이슬람 왕조가 지배했고, 당시에도 셀주크 제국이 다스리고 있었음

클레르몽

이교도들이 교회를 파괴해 모든 그리스도교 신도가 괴로워하고 있다.

1095년 클레르몽 공의회^{※1}

당시 교황, '우르바노 2세'는 신도들에게 예루살렘 탈환을 위한 전쟁에 참여할 것을 독려했다.

저들을 처단하자!

※1 가톨릭 성직자와 지도자 등이 모인 회의. 주로 교회 운영과 교의에 대해 논의함

이 전투는 후세에 '십자군 (十字軍)' 이라 불리게 된다.

면죄부를 받으리라!!

이 전투에 참가하는 자는 모두

이는 예수 그리스도의 뜻이다!

나는 이교도와의 전투에 참여하겠네.

기사들 이여.

1096년 프랑스, 어느 귀족의 집

176

주님께 성지를 돌려드릴 수 있다니.

기쁘게 참여하겠습니다!

나를 위해 싸울 의무가 있다!

제군들은 나에게게 봉록※2을 받는 가신들이니

※2 군주가 소유를 인정한 토지나 성 등에서 나오는 이익

출진이다!! 좋아!

이 시대에는 주군인 귀족에게서 땅(봉록)을 받은 대가로, 전투에서 싸우는 '기사※3'라는 신분이 있었다.

이를 봉건적 주종 관계라고 한다.

※3 전쟁에서의 활약과 주군에 대한 충성 등의 덕목을 합쳐 기사도라고 함

귀족

기사

봉록

군역

바쁘다 바빠!

당장 출항해야 한다고!

한편 이탈리아의 항구 도시

자력으로는 십자군 원정을 막을 수 없다고 생각한 파티마 칼리파국은

무려 동로마 제국에 도움을 요청하기에 이른다.

셀주크 제국으로부터 예루살렘을 빼앗는다.

십자군 원정이 시작되기 직전, 이집트의 무슬림 왕조는 파티마 칼리파국은

십자군

동로마 제국

셀주크 제국

지중해

시리아

지원군 요청

이집트

예루살렘

파티마 칼리파국

종교가 원인이 되어 전쟁이 일어나는 일은 없었다.

당근

도와 줘~

파티마 칼리파국

동로마 제국

셀주크 제국

이슬람 왕조들과 동로마 제국에는 여러 종교를 가진 사람들이 있었기 때문에

으아아아아아

돌격!

하지만

십자군은 이집트 원군[1] 보다도 먼저 예루살렘에 도착해 약탈을 벌였고,

이교도는 모두 죽여라!

십자군에게 그리스도교 신도 이외의 사람들은 모두 적이었다.

무슬림과 유대교 신도를 대량 학살했다.

노인이나 여자라고 봐주지 마라!

※1 동로마 제국 대신, 이집트 본국이 원군을 보냄

제1차 십자군은 종료 되었고,

예루살렘 왕국이 건국 되었다.

1099년 가톨릭 제후들이 성지를 점령하며

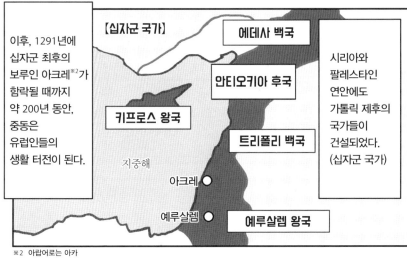

【십자군 국가】

이후, 1291년에 십자군 최후의 보루인 아크레[2]가 함락될 때까지 약 200년 동안, 중동은 유럽인들의 생활 터전이 된다.

에데사 백국

안티오키아 후국

키프로스 왕국

트리폴리 백국

지중해

아크레 ●

예루살렘 ●

예루살렘 왕국

시리아와 팔레스타인 연안에도 가톨릭 제후의 국가들이 건설되었다. (십자군 국가)

※2 아랍어로는 아카

칼리파 님!

칼리파에게 예루살렘의 탈환을 읍소했다.

알 무스타지르 칼리파

이런 야만적인 침략 행위를

결코 용서해서는 안 됩니다.

한편, 이슬람교의 최고 지도자인 아바스 칼리파국의 칼리파가 있던 바그다드로 예루살렘에서 도망친 사람들이 찾아와

알쿠드스가 프랑크인들의 손에 넘어 갔습니다!

'알 하라위'는 머리를 밀고 터번을 벗어서 상중(喪中)임을 나타냈다.

하지만 알쿠드스는 우리의 성지이기도 합니다. 이렇게 빼앗길 수는 없습니다!

알쿠드스에 들어와 백성들을 죽였습니다!

놈들은 순례를 핑계로

이부 사드 알 하라위
다마스쿠스의 카디※

※ 샤리아 재판관

참는 수밖에!

하지만, 지금 어떻게 군을 모으란 말이야?

당시 이슬람 세력은 분열과 대립을 반복하고 있었기 때문에, 힘을 합쳐 십자군을 내쫓을 수 있는 상황이 아니었다.

아쉽지만 지금은 원군을 보낼 수 없다.

알 하라위여,

이후로도 약 200년 동안, 십자군의 원정은 수차례에 걸쳐 지속되었다.

여러분! 에데사 백국을 이교도에게 빼앗겼습니다!

1144년 프랑스의 왕궁

베르나르 드 클레르보

12세기 중반에 접어들어, 장기 아미르국 등의 이슬람 세력이 본격적으로 반격에 나선다.

십자군 국가

장기 아미르국

예루살렘

'시토회'의 '베르나르'는 수도사일세.

저 수도사는 누구야?

성지의 진정한 주인이 누구인지를 보여줍시다!

다시 무기를 듭시다.

베르나르의 설교로 인해 제2차 십자군에는 프랑스와 독일의 왕도 참가했지만, 원정은 실패로 끝이 났다.

다른 수도사들이 보고 배워야겠는 걸?

모든 수도사가 검소한 삶을 살아야 한다더군.

시토회는 규율이 엄격하기로 유명해서

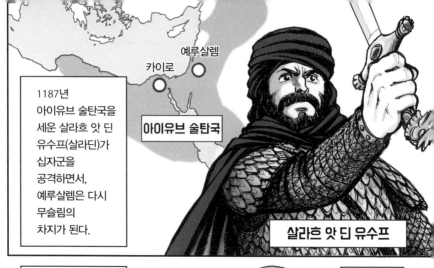

예루살렘

카이로

아이유브 술탄국

1187년 아이유브 술탄국을 세운 살라흐 앗 딘 유수프(살라딘)가 십자군을 공격하면서, 예루살렘은 다시 무슬림의 차지가 된다.

살라흐 앗 딘 유수프

제3차 십자군에는 독일 (신성 로마 제국[1]), 프랑스, 잉글랜드의 왕이 참가했다. 하지만,

그러자 교황은 또다시 십자군을 파견했다.

그레고리오 8세
교황

리처드 1세
잉글랜드 국왕

필리프 2세
프랑스 국왕

프리드리히 1세
신성 로마 황제

※1 962년 이후, 교황이 독일과 북중부 이탈리아를 지배하던 '독일 왕'을 '황제'의 자리에 앉히면서, '황제'가 다스리는 지역을 '신성 로마 제국'이라고 부름

혼자 남은
잉글랜드의 국왕
'리처드 1세'는
성지를 되찾지 못하고,
살라딘에게 휴전을
제안하게 된다.

집에 갈꺼얌!

프랑스의 국왕
'필리프 2세'는
군의 내부 분열이
일어나,
도중에 프랑스로
돌아가 버렸다.

쪽 팔려···

신성 로마 황제
'프리드리히 1세'는
행군 도중 강에서
익사했고,

내 여동생
조안과 살라딘,
당신의 동생
알 아딜을
결혼시키는 게
어떤가?

그래!

리처드
1세는
이러한
제안도
함께
한다.

단 호 박

노우!

조안
리처드 1세의 여동생

하지만

나쁘지
않군.

양국의 왕족이
함께 성지를
다스리게 한다,
라···

합동 통치는
물거품이 되었고,
대신 휴전 조약※2을
맺는 것에 만족해야
했다.

오마이갓!!

리처드 1세의
여동생이
결혼을
거부한다.

※2 가톨릭 신도의 성지 순례가 보장되고, 예루살렘 왕국의 존속도 인정됨

농사지을 땅을 찾아 대거 이동하기 시작했다.

인구가 급증했고, 사람들은 삼림을 개발하거나

십자군 원정이 한창이던 12세기 전후, 서유럽의 기후는 따뜻해졌고 농업 생산량이 증가했다.

뤼베크

슬라브 지역

런던

네덜란드

독일

파리

베네치아

제노바

피렌체

사람들은 주로 독일 서부와 네덜란드에서 독일 동부, 슬라브 지역으로 이동했다. (동방식민운동[1])

불과 1~2세기 사이에, 서유럽의 사회 · 정치 · 문화는 크게 변화했다.

도시에서는 상인층을 중심으로 모인 시민들이 독립적으로 정부를 만들어 외교와 전쟁으로 수입을 챙겼다.

같은 시기, 상업이 활성화되기 시작한 서유럽에는 전국 각지에 도시가 생겨났고,

※1 동방식민운동은 12~14세기에 진행됨

186

엄청나게 큰 성당이 되겠는걸.

12세기 말, 프랑스 파리의 노트르담 대성당

카—앙 카—앙 카—앙 카—앙

노트르담 대성당은 그 대표적인 예였다.

이 시기는 유럽 각지의 건축 양식이 로마네스크에서 고딕으로 변화하던 시기였다.

고딕 건축 양식

부와 신앙을 상징하는 높은 탑과 첨두 아치가 특징. 노트르담 대성당 등이 대표적

로마네스크 건축 양식

석조 천장을 받치는 두꺼운 벽과 기둥, 작은 창문이 특징. 피사 대성당 등이 대표적

최근에 유행하는 건축 양식이지.

파리의 얼굴이 될걸세.

우리가 대학[2]에 다닌다는 사실을 잊지 말게!

그전에, 신학 수업에 늦겠어.

이 거리는 앞으로 계속해서 커지겠어!

※2 Universitas. 교사와 학생이 배움의 장을 지키기 위해 만든 조직으로, 영어 University(대학)의 어원

톨레도※2에서 아랍어 서적을 번역한 것 말이지?

그런데, 아리스토 텔레스※1의 번역서는 읽었나?

이교도※3 에게서 그리스의 철학을 배울 줄이야.

물론 이지!

※1 고대 그리스의 철학자
※2 스페인 중부 도시
※3 무슬림

파리 대학교와 더불어 이탈리아의 볼로냐 대학교, 영국의 옥스퍼드 대학교 또한 11~12세기에 세워졌다.

이 시기에는 이슬람이나 동로마 제국에서 가져온 고대 그리스·로마의 학문을 라틴어※4로 많이 번역했는데

이러한 지식 기반의 혁신 운동을 '12세기 르네상스'라고 부른다.

이는 스콜라주의※5 등의 서유럽 학문을 발전시키는데 크게 공헌했다.

'인노첸시오 3세'가 37세의 나이로 교황에 선출되면서, 교황권이 가장 강력해지는 시대를 맞이한다.

나는 파리에서 신학을, 볼로냐에서 법학을 배웠다.

이 지식을 바탕으로 교황청의 조직을 정비하고 교황권을 확립하겠다.

그러던 1198년, 막강한 권력을 가진 교황이 등장한다.

인노첸시오 3세
교황

※4 고대 로마 제국의 공용어. 이 시대를 살았던 서유럽의 지식인들은 라틴어를 사용해 대화했음
※5 그리스도교의 신학을 논리적으로 체계화한 학문

우선은 주님의 영광을 위해 성지 예루살렘을 되찾는다!

교황의 강한 의지로 십자군이 결성된다.

관련자들은 모조리 파문한다!

신성한 십자군을 우습게 보다니!

하지만 제4차 십자군은 동로마 제국의 황위 싸움에 휘말려, 예루살렘이 아닌 동로마 제국의 수도 콘스탄티노폴리스를 점령하고 만다.

콘스탄티노폴리스

라틴 제국

그러나 십자군이 콘스탄티노폴리스를 중심으로 라틴 제국을 세우자,

콘스탄티노폴리스를 손에 넣었으니,

훗.

동서 교회※가 통합되었다고 볼 수 있겠지.

결국 십자군의 파문은 흐지부지 된다.

※ 로마 가톨릭교회과 그리스 정교회

특히,
남프랑스에서
활동하던
'카타리파'
(알비주아파)
라는 집단이
눈에 띄었다.

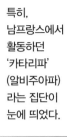

○ 파리

알비

베지에

이단(異端)이란,
정통 교리에서
벗어난
교리를 믿어
가톨릭교회가
단죄한 사람들을
말한다.

또한, 교황은
12세기 이후에
활발해진
이단의 활동을
뿌리뽑는 데
힘썼다.

이
알비 십자군은
베지에 등
남프랑스
각지에서
엄청난 수의
희생자를 냈다.

1209년
교황은
카타리파를
토벌하기
위한
십자군을
소집했다.

전쟁을
해서라도
이단을
처단해야
한다!

예수께서
가려내실
것이다!

모두
죽여라!

13세기 전반에는
종교 재판※을 열어서
정체를 숨겼던
이단 신도들을 철저히
축출하기도 했다.

아르노 아모리
교황 특사

※ 가톨릭교회가 이단자를 색출하고, 그들을 정통 신앙으로 회개시키기 위해 실시했던 재판

1215년 제4차 라테라노 공의회가 개최되었다.

이 공의회는 교황이 개최한 교회 회의 중 그 규모가 가장 컸다.

라테라노궁
로마

또한, 교회의 모든 권한은 교황 한 사람에게 있다.

가톨릭 신도는 교회가 정하는 규율에 따라

생활해야 한다.

인노첸시오 3세는 유럽 전역에 미치는 가톨릭교회의 영향력과 교황의 막강한 권력을 세상에 알렸다.

이듬해인 1216년, 인노첸시오 3세는 선종한다.

교황은 태양 이요, 황제는 달이 로다!

국왕
전하.

존
잉글랜드 국왕

인노첸시오 3세가 파문한 잉글랜드의 존 왕은, 1214년에 프랑스와의 전쟁에서 패배하며

대륙 영지[※1]의 수복에도 실패했다. 그리고 이듬해,

※1 당시 잉글랜드는 지금의 프랑스령 지역에도 영지가 있었음

전하께서는 6년 전, 교황에게 파문당하는 수모를 겪으셨을 뿐 아니라

이번에는 프랑스와의 전쟁에서도 패배 하셨습니다.

그럼에도 저희는

앞으로도 전하를 왕으로 모실 생각입니다.

대신, 저희의 권리를 보장한다는 이 문서에 서명을 해주셔야 겠습니다.

왕권을 법으로 제한하고 귀족의 권리를 인정한 이 대헌장[※2]은 입헌제의 시발점이 되었다.

※2 마그나 마그타

이탈리아

팔레르모

시칠리아 섬

이번에야말로 폐하! 십자군 참가 여부에 대한 답을 주셔야 합니다!

1225년 이탈리아 남부, 시칠리아 왕국

프리드리히 2세의 궁전
시칠리아 섬의 팔레르모

고생 하셨소. 로마에서 여기까지 오느라 교황의 특사가 아니신가.

프리드리히 2세
신성 로마 황제 · 독일 왕 · 시칠리아 왕

독일을 안정시켰더니 이번에는 어머니가 물려주신 시칠리아가 말썽이지 뭔가. 아아, 그게 말이오.

신성 로마 황제 프리드리히 2세는 아버지에게서 독일의 왕위를, 어머니에게서 시칠리아의 왕위를 물려받았다.

폐하께서 교황 성하께 십자군 원정을 약속하신 게 벌써 5년 전이옵니다.

도대체 언제 출발하실 것이 옵니까?!

엣 헴!

교황 특사

194

이 궁의 예배당으로 안내해 드리리다.

특사께서는 팔레르모가 처음이시오?

폐하!

자, 이쪽으로!

수도인 팔레르모에는 노르만 · 그리스 · 동로마 제국 · 이슬람의 문화가 서로 융합하며 발전을 이루었다.

시칠리아 섬에는 로마 가톨릭 신도 · 그리스 정교회 신도 · 무슬림이 함께 살았고,

어떤가. 참으로 아름답지 않소?

이런 예술품의 가치를 전혀 못 알아 보다니.

뭐지?!

이런 아랍풍의 장식은

동방풍※의 성화는 둘째치고

예배당과 어울리지 않습니다!

※ 동로마 제국

예?

싸우러 가는 것도 아니니까.

하지만 이 정도가 딱 좋네.

프랑크인 황제가 쳐들어 왔다는 소리겠지?

알 카밀
아이유브 술탄국의 제5대 술탄

큰일 났습니다!

예루살렘

카이로

알 카밀의 궁전
카이로의 아이유브 술탄국

이 프리드리히 라는 남자, 꽤 재미 있구나.

화친을 맺고 싶다고 쓰여 있더군.

황제가 직접 아랍어로 쓴 편지를 보냈다.

예?! 프랑크인 황제가 아랍어를요?!

198

앞으로 10년간 휴전한다.

두 나라는 1229년에 휴전 협정을 맺었다.

예루살렘의 지배권은 그리스도교 신도에게 반환하되,

황제 프리드리히와

술탄 알 카밀은

바위의 돔과 알아크사 모스크는 무슬림이 소유한다.

이렇게 십자군은 예루살렘에 무혈입성하게 된다.

약속 하지.

알겠 소.

특히, 이탈리아의 도시들은 황제파 (기벨린)와 교황파 (구엘프)가 대립하며 엉망진창이 되었다.

프리드리히 2세 황제와 '그레고리오 9세' 교황은 주변 국가까지 싸움에 끌어 들였는데,

황제를 파문한 내 꼴만 우습게 되었구나.

황제가 이교도와 휴전을 해 예루살렘을 손에 넣었다고?!

당연히 교황은 분노 했다.

용서할 수 없다!!

13세기 후반. 뤼베크

런던

뤼베크

파리

한편, 13세기는 서유럽의 도시 사회가 한층 더 성숙해진 시기이기도 했다.

도시에서는 많은 장인들이 각각 길드[1]를 만들어, 가격을 통제하거나 품질을 관리했다.

오늘은 장날이라 사람이 엄청 많아.

※1 상인 길드, 수공업 길드 등

너, 이 마을은 처음이구나?

어른들이 얘기하는 동안 내가 안내해 줄게.

이 성당 좀 봐.

굉장하지?

빵집 길드

상인들 또한 길드를 만들어 서로 돕거나 규제를 만들었다.

도시는 구획으로 나눠져 있어 광장이 있는 중심부에 성당(교회)이 세워졌다.

성당

근처에 있는 돈 많은 형제단※2이 지은 거래.

13세기에 접어들어, 도미니코회와 프란치스코회와 같은 새로운 수도회 (탁발 수도회)가 등장했다.

저들은 탁발 수도사야. 신도들에게 기부를 받아 생활하고 있지.

수도사가 동냥을 하고 있잖아?!

어? 저 사람 …

우리 아빠도 활동하신 적이 있어.

도시참사회 회원은 시민의 대표야.

그들은 광장이나 길거리, 교회에서 설교를 하며 도시 주민들의 신앙생활을 도왔다.

탁발 수도회는 그때까지의 수도회와는 달리 농촌에 영지가 없었고, 도시의 수도원에서 신도들이 낸 기부금으로 생활했다.

자치 도시

지배

마을 마을 마을

도시 국가

같은 시기의
이탈리아는
자치 도시인
코뮌이
인근 마을을
지배하는
도시 국가의
형태를 띠었다.

도시의 시민권을 가진
시민의 대표,
도시참사회는 행정권
외에도 재판 · 외교 ·
군사 분야의
권한을 가지고 있었다.

시민이
정한 일은
바꿀 수
없어.

아무리
영주님이나
사제님
이라도

언젠가는
나도
저런 배를 갖고
말 거야.

동맹을 맺은
도시들은
14세기가 되자
발트해의 패권을
손에 거머쥐었다.

그리고
한자※1의
상인이 돼서,
저 멀리 정기시로
장사를 하러
갈 테야!

※1 뤼베크를 맹주로 하는 독일 북부 지역 도시의 연맹을
한자(Hansa) 동맹이라고 함

도시의 성장과
네트워크화를 통해
유럽의 남북을 잇는
거대한 상업권이
형성된 것이다.

북유럽 상업권

샹파뉴 지방

지중해 상업권

이 시대에
북유럽 상업권과
지중해 상업권이
형성되었고,
이 두 상업권을 잇는
샹파뉴 지방의 도시
또한 발전하게 된다.

아들아, 뒤를 부탁한다.

혈통으로 결정

↓

선제후 7인※4의 투표로 결정

대공위 시대※2가 끝난 뒤, 7명의 선제후※3가 신성 로마 황제를 선출하게 되었고

신성 로마 제국

13세기 후반 이후에는 서유럽 국가들의 정치 상황이 급격하게 변했다.

※2 여러 명의 국왕이 동시에 등장
※3 신성 로마 황제의 선거권을 가진 유력 제후

이 구조는 1356년, 신성 로마 황제인 '칼 4세'가 제정한 금인칙서에 의해 법률화되었다.

※4 이 시대는 독일의 왕만이 신성 로마 황제가 될 수 있었는데, 선제후는 이 독일 왕의 선출권을 가짐

귀족과 성직자, 주와 도시의 대표가 회의에 소집되면서 13세기에 의회 제도를 탄생시키는 계기가 된다.

과세에 반대하는 반란을 일으켰는데,

또한, 잉글랜드 에서는 1264년에 귀족 '시몽 드 몽포르'가

이는 14세기 중반에 신분에 따라 의회가 나뉘는 양원제[2]로 발전한다.

에드워드 1세
잉글랜드 국왕

나아가 1295년에는 에드워드 1세가 임시세를 통과시키기 위해 성직자와 속인[1]으로 이루어진 모범 의회를 소집했고,

이것이 오늘날 영국 의회 제도의 기반이 되었다.

특히, 국왕이 임시 세금을 걷으려고 할 때는 반드시 의회의 승인을 받게 되었는데,

전하께서 갑자기 왜 부르신 거지?

한편, 프랑스

노트르담 대성당

※2 상원(귀족원)과 하원(서민원)으로 구성됨. 상원은 위원회 구성과 법률 심사를 담당하고, 하원은 실질적인 영국 정치를 주도함

※1 성직자를 제외한 일반인

그 콧대만 높은 '보니파시오 8세' 말이오?

흥

교황?

귀족, 성직자, 평민, 이렇게 세 신분[3]의 대표자분들을 이 자리에 모이라 부탁하셨소.

다름이 아니라, 교황의 문제를 논의하기 위해

프랑스 교회에 임시 세금을 부과하기로 하셨으나,

그렇소. 국왕 전하는 잉글랜드와의 전쟁을 위해

필리프 4세
프랑스 국왕

기욤 드 노가레
국왕 측근

※3 성직자를 제1신분, 귀족을 제2신분, 평민을 제3신분으로 규정함

나라의 일은 국왕 전하와 우리 신하들이 결정할 일이거늘!

이런 건방진!

교황이 이를 금지하는 명령을 내렸소이다.

하나가 되어 싸워주길 바라고 계시오!

전하께서는 여러분 모두가

이 시기에 프랑스의 신분제 회의인 삼부회가 처음으로 개최되었고, 이후 비정기적으로 열리게 되었다.

신민들은 내게 동조하고 있다.

그렇다면 …

교황은 그 입 다물라, 이거야!

교회도 세금을 내라!

국왕 전하 만세!

1303년 이탈리아 아나니

○ 아나니

뭐라고? 기어코 세금을 물리겠다 ?!

○프랑스 왕을 비난하는 서신을

각국에 보내라!

보니파시오 8세 교황

206

보니파
시오
교황을

이단의
혐의로
체포한다!

기욤 드 노가레

프랑스의 필리프 4세가
보니파시오 8세를
습격했고, 이 일을
아나니 사건이라고 한다.
교황은 탈출하는 데
성공하지만,

뭐라고?!

○ 파리

○ 보르도   ○ 아비뇽

1305년에 교황으로 선출된
클레멘스 5세는
보르도 대주교로,
필리프 4세에 충성하는
프랑스인이었다.

분노와
실의에 빠져
한 달도
안 돼
급사하고
만다.

그는 교황청을
프랑스 아비뇽으로
옮겼다.※
이후 교황청은
1377년에 로마로
돌아갈 때까지
프랑스 왕실과 밀접한
관계를 유지한다.

클레멘스 5세
교황

※ 아비뇽 유수

하지만, 강력해진 군주 국가의 힘 앞에서 교황의 권위는 점점 쇠퇴한다.

아비뇽 유수 기간 동안, 교황청은 로마 귀족과의 항쟁, 이탈리아 영토 분쟁에서 벗어나 조직을 강화할 수 있었다.

또한, 14세기는 여러 국가가 국경선을 거의 확정 짓는 시기이기도 했다.

북유럽 3국

덴마크 · 스웨덴 · 노르웨이가 국가 연합체(칼마르 동맹)를 결성

노르웨이
스웨덴
칼마르 동맹
덴마크
발트해

잉글랜드

백년 전쟁

신성 로마 제국

타넨베르크

폴란드

프랑스

폴란드

14세기 초에 통일.
1386년에 리투아니아 대공국과 손을 잡고 야기에우워 왕조를 탄생시켰음.
1410년에는 동방식민운동을 벌이는 독일 기사단※을 타넨베르크에서 격파하고 발트해 동부의 패권을 확립함

카스티야

아라곤

이베리아 반도

카스티야 왕국에서는 트라스타마라 왕조가 내란으로 사라지고, 15세기 후반에는 아라곤 왕국의 왕가와 혼인을 추진해 사실상 연합하기에 이름.
카스티야와 아라곤 연합한 이 '연합왕국'이 지금의 스페인으로 이어짐

스위스

3연방이 공동으로 방어선을 구축하기 위해 동맹을 결성했고, 그를 뒷받침하는 스위스 맹약자단(盟約者團)이 세력을 넓히며 오늘날 영세 중립국의 초석을 다졌음

※ 수도사와 기사를 겸한 기사 수도회 중 하나. 성지 순례자의 보호 · 경호에서 출발했으나,
이후 동방식민운동에서 중심적인 역할을 담당함

오랜 세월에 걸친 영토 문제는 그 원인 중 하나였다.

그리고, 강한 군주 국가인 잉글랜드와 프랑스는 100년에 걸친 전쟁에 돌입한다.

11세기 중반에 프랑스의 노르망디 공작이 잉글랜드를 공격해 왕위를 빼앗았기 때문이었다.
(노르만 왕조의 등장)

잉글랜드

개전 당시 영토

프랑스

잉글랜드령

이 시기의 잉글랜드 국왕은 프랑스의 귀족으로서 프랑스 내에 영토를 갖고 있었다.

1154년에는 노르만 왕조의 피를 이어받은 프랑스의 앙주 백작이 잉글랜드의 국왕이 되었다.
(플랜태저넷 왕조의 등장)

13세기에는 프랑스가 프랑스 북부의 노르망디와 서부의 앙주 등을 차례로 정복했지만, 잉글랜드 역시 남서부 지방에 위치한 아키텐의 지배권을 유지하면서 양국 사이에 격렬한 분쟁이 일어날 조짐을 보였다.

아들이 없던 샤를 4세의 뒤를 이어, '필리프 4세'의 조카인 발루아 백작, '필리프 6세'가 국왕의 자리에 오른다. (발루아 왕조의 등장)

1328년 프랑스의 '샤를 4세'가 병으로 사망하고

이러한 상황 속에서, 프랑스의 왕위 계승 문제가 발생한다.

잉글랜드의 '에드워드 3세'는 자신이 프랑스 왕위를 이어받아야 한다고 주장했다.

프랑스의 왕위는 당연히 내가 물려받아야 한다!

내 어머니가 프랑스의 왕이셨던 필리프※의 따님이시다.

※ 필리프 4세

그로부터 9년 후

에드워드 3세

1339년 잉글랜드군은 프랑스 북부로 진격했다.

이로써 '백년 전쟁'이라 불리는 긴 전쟁의 시대가 막을 올렸다.

정면 승부는
피해야 한다.

농성을 하며
적이 지쳤을
때를 노려라.

샤를 5세
프랑스 국왕

프랑스 국왕
'샤를 5세'의
지략으로
그 흐름이
바뀌게 된다.

잉글랜드가
압도적인
우위를
보이던
전쟁은,

끈질기게
농성하는
전술이
성공하며,
프랑스는 점차
영토를
회복해 간다.

휴전 때문에 용병[※1]은 백수 신세로 전락했다고!

※1 정규군이 아닌, 금전 계약을 통해 고용된 병사

마을이다!

프랑스, 농가마을

다 부숴 버려라!

일이 없어진 용병들은 마을을 약탈하며 사람들을 괴롭혔다.

1389년

잉글랜드와 프랑스는 긴 휴전에 들어가지만,

이 시기에는 전쟁 외에도 이상 기후로 인한 흉작과 기근,

그리고 흑사병[※2]이 사람들을 덮쳤다.

※2 페스트, 중앙아시아에서 확산되었다고 여겨지는 전염병으로, 죽은 사람의 피부가 까맣게 변한다고 하여 흑사병이라 부름

회화와 문학에서는 죽은 사람을 묘사하는 '죽음의 예술'이 유행했다.

사람들은 죽음에 대한 공포심을 품게 되었고,

쥐나 벼룩이 옮기는 흑사병은 감염력과 사망률이 매우 높아, 당시 유럽 인구의 1/3 가까이가 이 병에 걸려 사망했다.

이듬해 새로운 교황이 선출되었다.

1377년 교황청이 아비뇽에서 로마로 돌아갔고,

사회적으로 불안이 확대되던 중세 말기, 사람들이 마음을 의지해야 할 곳인 교회는 혼란에 빠져 있었다.

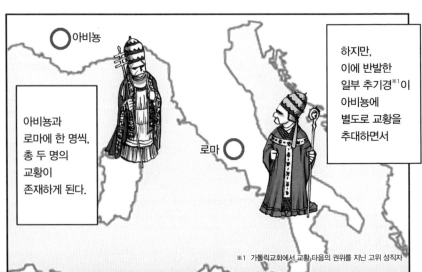

아비뇽

로마

아비뇽과 로마에 한 명씩, 총 두 명의 교황이 존재하게 된다.

하지만, 이에 반발한 일부 추기경[1]이 아비뇽에 별도로 교황을 추대하면서

※1 가톨릭교회에서 교황 다음의 권위를 지닌 고위 성직자

존 위클리프
신학자

14세기 후반, 잉글랜드의 '존 위클리프'는 교회가 성경의 가르침에서 벗어났다고 비판했고,

40년 가까이 지속된 서방교회 대분열※2은 교회에 대한 반발을 키웠다.

※2 이교(離敎), Schisma

베멘※3의 '얀 후스'도 이에 동의하며 함께 교회를 비판했다.

얀 후스
신학자

얀 후스는 이단자로 몰려, 화형을 당하고 만다.

교회의 재통일을 위해 열린 콘스탄츠 공의회는 분열을 해소하는 데 성공했지만,

※3 지금의 체코 서부

이에 얀 후스의 지지자인 후스파는 베멘에서 무력 봉기를 일으켰고, 황제가 보낸 십자군을 몇 번이나 격퇴했다. (후스 전쟁)

한편 이 무렵, 백년 전쟁은 새로운 국면을 맞이하게 된다.

이 무렵,
프랑스의 왕세자
샤를은 내란과
잉글랜드군의
공격으로
수도 파리를
떠나 있었다.

나를
만나고
싶다라…
재미있군,
시험해
보지.

샤를
프랑스 왕세자

그 소녀가
정말로 주님의
음성을
들었다면,
단번에 알아챌
것이다.

왕좌에는
다른 자를
앉혀라.

난 신하들
사이에서 보고
있을 테니.

저분이
왕세자
시라고?

예를
갖춰라.

왕세자
저하
시다.

끼
익

고귀하신 왕세자 저하.

주님께 맹세코 프랑스의 왕이 되실 분은 오로지 저하 뿐이십니다.

오를레앙에 데려가 주소서!

원하는 것을 말해 보라.

제가 주님의 사자(使者)라는 증거를 보여드리 겠나이다.

218

1429년 7월 샤를은 전통에 따라 랭스에서 대관식을 거행해

'샤를 7세'로 정식 즉위한다.

오를레앙을 해방시킨 샤를의 군사는 잔 다르크의 진언에 따라 계속 진격한다.

하지만, 잔 다르크에게는 가혹한 운명이 기다리고 있었다.

그녀는 파리 탈환을 노렸지만 실패했고

결국, 적들에게 붙잡히고 만다.

잉글랜드의 주도로 열린 재판에서 그녀는 유죄를 선고받는다.

마지막으로 회개하시오.

15세기 후반, 프랑스의 발루아 왕조는 백년 전쟁으로 입은 내상에서 회복해 중앙 집권화에 성공한다.

잔 다르크가 마녀라는 누명을 벗은 건, 그로부터 3년 후의 일이었다.

헨리 7세
잉글랜드 국왕

장미 전쟁에서 승리해 튜더 왕조를 연 헨리 7세는, 내전으로 몰락한 귀족 계층을 누르고 왕권을 강화해 나갔다.

한편, 잉글랜드에서는 왕위 계승을 둘러싼 다툼이 장미 전쟁이라 불리는 30년 내전으로 발전한다.

프랑스, 잉글랜드, 카스티야-아라곤 등의 군주국은 영토와 통치권을 확실하게 굳혀 힘을 키워 나갔다.

잉글랜드

프랑스

카스티야-아라곤
(오늘날의 스페인)

14세기 이후에는 약해지기 시작했고

교황의 권위는 서유럽 전체를 일시적이나마 단결시켰지만,

15세기 말,
서유럽은
여러 혼란을
극복하고
저 멀리 바다 너머로
눈을 돌리기
시작한다.

유라시아
대륙의 서쪽
끝에 있어
눈에 띄지
않았던
서유럽이,

세계사 무대에서
활약하는 시대가
도래한 것이다.

주요참고도서·자료

【서적】

■ 山川出版社,『新世界史B』(개정판) /『詳説世界史B』(개정판) /『山川詳説世界史図録』(제 2 판) /『世界史用語集』(개정판)
■ 朝日新聞社,『クビライの挑戦 モンゴル海上帝国への道』
■ 岩波書店,『マルコ・ポーロ東方見聞録』
■ 角川書店,『大モンゴルの世界 陸と海の巨大帝国』
■ 講談社,『中央アジア・蒙古旅行記』/『モンゴル帝国誕生 チンギス・カンの都を掘る』/『モンゴル帝国と長いその後』
■ 中央公論社,『イスラーム世界の興隆』
■ 中央公論新社,『蒙古襲来と神風 中世の対外戦争の真実』
■ 帝国書院,『新詳世界史B』
■ 東京大学出版会,『海から見た歴史』
■ ビジネス社,『チンギス・ハーンとその子孫 もうひとつのモンゴル通史』
■ 平凡社,『モンゴル秘史 チンギス・カン物語』(전 3 권)
■ 山川出版社,『イギリス史 1』/『イタリア史 1』/『スペイン史 1』/『ドイツ史 1』/『フランス史 1』
■ リブロポート,『Persian Painting』
■ 大英博物館,『Persian Painting』
■ 大月書店,『輪切りで見える!パノラマ世界史② さまざまな世界像』/『輪切りで見える!パノラマ世界史③ 海をこえてつながる世界』
■ 河出書房新社,『図説イスラム教の歴史』/『図説十字軍』/『図説中世ヨーロッパの暮らし』/『図説ローマ教皇』/『世界の歴史大図鑑』
■ 講談社,『イスラーム歴史物語 ビジュアル版』/『クロニック世界全史』/『ティムール帝国』/『日本全史・ジャパン・クロニック』
■ 国書刊行会,『図説服装の歴史上・下』
■ 新紀元社,『図解中世の生活』
■ 新潮社,『十三世紀の西方見聞録』
■ 中央公論社,『元の大都 マルコ・ポーロ時代の北京』
■ 東洋書林,『図説モンゴル帝国の戦い 騎馬民族の世界制覇』
■ 日経 BP 社,『CGでよみがえる古代都市 NHK スペシャルにも登場した驚異の復元技術』
■ 日本放送出版協会,『十字軍という聖戦 キリスト教世界の解放のための戦い』
■ 原書房,『十字軍の遠征と宗教戦争』/『図説イスラーム百科』/『「もの」の世界史 刻み込まれた人類の歩み』
■ 平凡社,『中国社会風俗史』/『モンゴル帝国史』
■ 勉誠出版,『チンギス・カンとその時代』
■ 山川出版社,『マルコ・ポーロ『東方見聞録』を読み解く』
■ 佑学社,『目で見る世界の古代文明シリーズ 7』

【WEB】

NHK 高校講座 世界史 , NHK for School, 国立国会図書館

이 책을 만든 사람들

■ 감수: 하네다 마사시(HANEDA MASASHI)
　　도쿄대학 명예 교수

■ 플롯 집필 · 감수:

제1장　스기야마 기요히코(SUGIYAMA KIYOHIKO)
　　도쿄대학 준교수

제2장　스기야마 기요히코(SUGIYAMA KIYOHIKO)
　　도쿄대학 준교수

제3장　쓰지 아스카(TSUJI ASUKA)
　　기와무라학원 여자대학 준교수

제4장　가지와라 요이치(KAJIWARA YOHICHI)
　　교토산업대학 조교수

■ 자켓 · 표지: 곤도 가쓰야(KONDOU KATSUYA)
　　스튜디오 지브리

■ 만화 작화: 가와카미 료(KAWAKAMI RYO),
　　고바야시 다쓰요시(KOBAYASHI TATSUYOISHI)

■ 내비게이션 캐릭터: 우에지 유호(UEJI YUHO)

차별적 표현에 대하여

『세계의 역사』 시리즈에는 현대를 살아가는 우리가 입에 담아서는 안 될 차별적인 표현을 사용한 부분이 있습니다. 역사적 배경이나 시대적 관점을 보다 정확하게 전달하기 위해, 불편함을 무릅쓰고 꼭 필요한 최소한의 용어만 사용했습니다. 본 편집부에게 차별을 조장하려는 의도가 없다는 점을 알아주시길 부탁드립니다.

— 원출판사의 말

세계의역사

몽골 제국과 동서 교류

(1200년~1400년)

초판인쇄 2022년 12월 30일
초판발행 2022년 12월 30일

감수 하네다 마사시
옮긴이 일본콘텐츠전문번역팀
발행인 채종준

출판총괄 박능원
국제업무 채보라
책임번역 문서영
책임편집 조지원
디자인 홍은표
마케팅 문선영 · 전예리
전자책 정담자리

브랜드 드루주니어
주소 경기도 파주시 회동길 230 (문발동)
문의 ksibook13@kstudy.com

발행처 한국학술정보(주)
출판신고 2003년 9월 25일 제406-2003-000012호
인쇄 북토리

ISBN 979-11-6801-664-4 04900
979-11-6801-777-1 04900 (set)